AF314689

COLLECTION
DE FEU M. LE MARQUIS DE CHENNEVIÈRES

2e VENTE

DESSINS ANCIENS

DE L'ÉCOLE FRANÇAISE

des XVIe, XVIIe et XVIIIe siècles

Ecoles Provinciales

DESSINS MODERNES

AQUARELLES

AVRIL 1900

CATALOGUE

DE

DESSINS ANCIENS

ET

MODERNES

CONDITIONS DE LA VENTE

Elle sera faite au comptant.

Les acquéreurs paieront *Cinq pour cent* en sus des prix d'adjudication.

M. Paul ROBLIN, expert, chargé de la vente, se réserve la faculté de rassembler ou de diviser les lots.

L'Exposition mettant le public à même de se rendre compte de la nature et de l'état des dessins, aucune réclamation ne sera admise une fois l'adjudication prononcée.

Pour un certain nombre de dessins, les attributions de l'amateur ont été conservées.

ORDRE DES VACATIONS

Mercredi 4 Avril,	*Dessins anciens.*	Nos	1 à 188
Jeudi	5	»	*Dessins anciens.*	Nos 189 à 374
Vendredi 6	»	*Dessins anciens.*	Nos 375 à 550
Samedi	7	»	*Dessins modernes.*	Nos 551 à 740

L'ordre numérique sera suivi.

CATALOGUE

DES

DESSINS ANCIENS

DE L'ÉCOLE FRANÇAISE

des XVIe, XVIIe et XVIIIe siècles.

Écoles Provinciales

DESSINS MODERNES

AQUARELLES

Le tout ayant appartenu

à Feu M. le Marquis de CHENNEVIÈRES

Directeur Honoraire des Beaux-Arts.

DONT LA VENTE AUX ENCHÈRES PUBLIQUES AURA LIEU

HOTEL DES COMMISSAIRES-PRISEURS, RUE DROUOT, N° 9

Salle N° 7

Du Mercredi 4 au Samedi 7 Avril 1900

à deux heures précises.

Commissaire-Priseur	*Expert*
Me PAUL CHEVALLIER	M. PAUL ROBLIN
10, Rue Grange-Batelière, 10	65, Rue Saint-Lazare, 65

EXPOSITION PUBLIQUE

Le Mardi 3 Avril, de 2 heures à 5 heures 1/2.

DÉSIGNATION

DESSINS ANCIENS

ABBATE (NICOLO DEL)

1. — L'Adoration des Mages. Composition avec paysage et architecture.

> A la plume, rehaussé de blanc. — Collection E. Forget.

2. — Composition allégorique, où se voient dans un paysage, des savants, des voyageurs, des guerriers, un pauvre, un Juge, etc. Au fond, vue d'une ville.

> A la plume, lavé d'encre de Chine et rehaussé de blanc. — Collection Mario.

3. — L'Abondance, sa corne à la main, debout au milieu de l'assemblée des Dieux. — L'oiseleur, costume fantasque pour mascarade. Deux dessins.

> A la plume, dont un lavé d'encre de Chine.

ADAM

4. — Un grand vase posé sur le mur d'un jardin, les anses sont formés par deux figures de satyres, l'un mâle, l'autre femelle.

> Au crayon noir lavé de sépia et rehaussé d'aquarelle, signé : *Adam*.

ALEXANDRE de Reims

5. — Paysagiste peignant une étude au bord d'une rivière. — Deux artistes en costume du directoire semblent occupés à peindre un dessus de clavecin. — Paysages des environs de Reims. Cinq dessins.

> Au crayon noir, à la sanguine et à l'aquarelle.

ALLEGRAIN (Et.)

6. — Ruines d'un temple antique au bord d'un lac. — Paysages. Trois dessins.

A la plume lavés d'encre de Chine. — Collection Kaïeman.

ANDRÉ (attribué au Frère)

7. — La Vierge tenant l'enfant Jésus debout sur ses genoux. — Un Religieux dominicain debout. Deux dessins.

A la sanguine et au lavis d'encre de chine — Vente Durand.

ANGOT (ROBERT)

8. — L'Assomption de Saint François Xavier d'après le bas-relief de Legros. — Un docteur et une femme s'entretiennent. — Une femme vue de dos s'entretient avec une autre femme étendue sur un lit. — Le prophète Isaïe. — Marguerite de Cortonne découvrant le corps d'Amadis. Cinq dessins.

A la sanguine. — Collections Mariette et Aussant

ANGUIER (FRANÇOIS)

9. — Figure de Henri de Montmorency décapité à Toulouse, couché sur son tombeau, pour le Mausolée, exécuté à Moulins, vers 1640.

A la plume, lavé d'encre de chine.

ANGUIER (d'après FR.)

10. — Tombeau du Duc de Montmorency.
Très belle esquisse peinte de l'époque du Maître.

ASSELYN (J.)

11. — Vue extérieure des fortifications d'une villa italienne. — Ruines de la villa Mécène. — Ruines du Colysée. Cinq dessins.

Au lavis de sépia et à l'encre de chine. — Vente Guichardot.

CHELIER (attribué à)

12. — Scène antique.

    A la mine de plomb, lavé de bistre.

BARDON (D'ANDRÉ)

13. — Saint Charles Borromée en prières. — Apothéose d'un Saint. — Le Silence. — Saint Vincent de Paul prêchant devant des religieuses. — Médée s'enfuyant sur son char, etc. Huit dessins.

    A la sanguine, à la pierre noire et au lavis de bistre. — Collections Mariette et Gase.

BAUDUIN (F.)

14. — Paysages à l'imitation de Van der Meulen. Trois dessins.

    A la sanguine.

BELGA (MATHIEU ELYE)

15. — Sujets religieux. Onze dessins.

    A la sanguine. Signés.

BELLA (STEPH. DELLA)

16. — Carrousel. Évolution de cinq groupes de cavaliers. — Charrettes de Bohémiens. — Chasseurs. — Un Seigneur et une dame se donnant la main — La souricière. Six dessins.

    A la plume lavés d'encre de chine et à l'aquarelle. — Collections Vallardi et Crozat.

BELLANGE (JAC.) Lorrain.

17. — La Vierge assise au pied d'un arbre fleuri, tient assis près d'elle l'enfant Jésus.

    Miniature sur parchemin signée : *Bellange f. 1668.* Mauvaise conservation.

BELLANGE (JAC.)

18. — Saint agenouillé entre des Anges.

A la plume lavé d'indigo. — Vente Durand, collection Gasc.

BELLE (attribué à A. S.)

19. – Portrait de René Antoine Ferchault de Réaumur. Deux études différentes.

A la pierre noire sur papier gris.

BÉNARD de Marseille

20. — Projet pour la place Latour à Marseille. — Coupe d'un passage voûté. Deux dessins.

A la plume et au lavis d'encre de chine, réhaussé d'aquarelle.

BENVENUTO CELLINI (attribué à)

21. — Buste d'homme à l'antique, dans une niche cintrée avec des fleurs de lys sur le socle et aux pilastres.

A la plume lavé d'encre de chine.

BERNIN (Le Cavalier)

22. — Tête de Notre-Seigneur, grosseur demi nature. — Etudes d'anges portant des fleurs. — Saint Gérome agenouillé. Trois dessins.

A la plume et au lavis de bistre et de sépia.

BERTHÉLEMY

23. -— Tête de femme.

Au crayon noir et lavis d'encre de chine, rehaussé de gouache. Signé à l'encre *Berthelmy*.

BIART (PIERRE)

24. — Portrait de femme, profil tourné vers la gauche et en
costume du temps. Elle tient un chat sur ses genoux.

> Très beau dessin à la pierre noire et au pastel sur papier
> bleuâtre, portant l'inscription du temps: *pierre biart francois.*
> — De la vente du général Andréossy ; encadré.

BLANCHARD (JAC.)

25. — La présentation de la Vierge au Temple. — Jésus-Christ
donnant la Cène aux disciples. — Deux hommes luttant.
— La Mansuétude de Blanchard père. Quatre dessins.

> A la pierre noire, rehaussés sur papier gris.

BLANCHET (TH.) de Lyon

26. — Allégorie avec un des princes de la Maison de Savoie.

> A la plume, lavé d'encre de Chine et rehaussé de gouache.
> Signé : *Thomas Blanchet, in. et fecit. Lugduni.*

27. — Frontispice pour l'histoire généalogique de la Royale
Maison de Savoie.

> Plume et lavis, rehaussé de gouache. Signé : *T. Blanchet in*.

28. — L'Incrédulité de St Thomas. — Projets de Monuments
et de décorations. — La Sainte Famille. — Etude de femme etc. Dix dessins.

> A la plume, à la sanguine et au lavis.

BLASSET (MICHEL) d'Amiens

29. — L'Annonciation.

> Très belle composition avec motifs d'architecture, dessiné à
> la plume, lavé d'encre de chine et rehaussé d'aquarelle.

BOHER (attribué à) de Perpignan

30. — La Charité.

> A la plume, lavé de sépia. Signé d'un monogramme.

BOISSIEU (J. J. DE), Lyonnais.

31. — Paysages. Cinq dessins.

Au lavis de bistre et à l'encre de chine.

BOITARD (FRANÇOIS)

32. — Sacrifice d'Iphigénie. — Une femme armée d'un poignard, se dispose à s'en frapper. — Portrait de Fr. Boitard, parisien. — Le Temps enlève la Vérité triomphante. — L'Artiste et sa famille. Cinq dessins.

Croquis à la plume, lavés d'encre de chine.

BOIZOT

33. — Tanaquil, montre à Tarquin, Servius Tullius enfant, endormi sur les genoux de sa nourrice. — Silène, couché et appuyé sur son outre, est lié par deux hommes. Deux dessins.

A la plume et au lavis.

BONNART (Rob.)

34. — Portrait présumé de Louis XIV à cheval, il galoppe vers la gauche et donne un ordre avec sa canne. Au fond, une ville assiégée.

A la sanguine, lavé de bistre. Collections Bignon et Chanlaire. (sous l'attribution de Testelin.)

35. — La collation. Sujet avec trois personnages.

A la plume, lavé d'encre de Chine et réhaussé de sanguine.

BOSSE (attribué à Ab.)

36. — Dames et seigneurs, époque Louis XIII.

A la plume, lavé d'encre de Chine. — Collections Denon et Silvestre.

BOUCHARDON (Edme.)

37. — Projet de Fontaine. — Première pensée de frontispice pour le *Traité d'Architecture* de Vignolle. — Un Enfant est poignardé par un guerrier. Trois dessins.

A la sanguine.

38. — Médailles. Treize dessins.

A la sanguine.

39. — Costume de Chinois. — Portraits-charges. — Costumes religieux. Sept dessins.

A la plume et à la sanguine.

BOUCHER (François)

40. — L'Amour et Psyché.

Dessin à la plume et au lavis de bistre de la première manière du maître à son retour de Rome. Signé à l'encre : *F. Boucher*.

41. — Etude pour l'*Ecole des Femmes* de Molière.

A la sanguine.

42. — Etude d'acteur pour les Comédies de Molière.

A la sanguine. Signé à l'encre : *Boucher*.

43. — Projet d'une statue drapée d'Apollon.

A la pierre noire rehaussé de blanc sur papier gris.

44. — Paysage avec deux pêcheurs traversant un ruisseau.

Crayon noir.

45. — Figure de vieillard drapé. — Académie d'homme nu, couché. — Etude de deux génies ailés pour le couronnement d'un cintre. Trois dessins.

A la pierre noire rehaussée et aux crayons de couleurs,

BOUCHER (JEAN) de Bourges

46. — L'adoration des Bergers. — Tête de jeune garçon. Deux dessins.

> A la sanguine.

47. — L'adoration des Mages. — Etudes de femmes, d'enfants et de vieillards. — Etudes de mains, etc. Trente-quatre dessins.

> A la pierre noire et à la sanguine.

BOULLONGNE (Bon de)

48. — Jésus chassant les marchands du Temple. — La Sainte famille. — Apothéose d'un saint. — Sujets religieux. Sept dessins.

> A la pierre noire et à la plume rehaussés sur papier gris.

49. — Le Christ guérissant un vieillard aveugle. — Réunion de philosophes. — Mercure fouetté par trois Muses. — La famille d'un prince groupée près d'un pavillon de verdure. — Sujets d'illustrations. — Groupe d'Amours. Huit dessins.

> A la plume, à la pierre noire rehaussée et à la sanguine

50. — Etudes de moines et sujets religieux. Cinq dessins.

> A la pierrre noire rehaussée de blanc sur papier gris

BOURDON (SÉBASTIEN)

51. — Mort de Jézabel. — Le Crucifiement. — Repos de la Sainte Famille. — Allégories. — Sujets religieux. Neuf dessins.

> A la plume, à la pierre noire et à la sanguine.

BOURGUIGNON (JAC. COURTOIS, dit le)

52. — Mêlée de Cavalerie.

> Vigoureux dessin à la plume lavé de sépia. — Collection Denon.

BOURGUIGNON (J. COURTOIS, dit le)

53. — Combats de cavaliers. Deux dessins.

> A la plume, lavés d'encre de chine et de bistre. Des collections Wertheimber, Thibaudeau, Crozat, Testelin, etc.

54. — La Vierge sur des nuages tenant l'enfant Jésus. — Figure de chasseur. — Scènes de Batailles. — Académies. etc. Neuf dessins.

> A la plume, à la sanguine et au lavis.

BREBIETTE (P.)

55. — Une procession — Cérès. — Apollon et Mercure. Trois dessins.

> A la sanguine et au lavis de bistre.

BUNEL (JAC.)

56. — Une sainte famille.

> A la plume, lavé de bistre. — Collection Destailleurs.

CABEL (VAN DER)

57. — Paysage montagneux. — Marine. Deux dessins.

> A la plume, lavés d'encre de chine, un est signé : *Van der Cabel.*

CALLET

58. — Hercule et Omphale. — Sujets mythologiques. — Scènes bibliques. — Allégories, etc. Seize dessins.

> A la plume, à la sanguine et au lavis de bistre et d'encre de chine.

CALLOT (J.) et son Ecole

59. — L'Assomption de la Vierge. — Une fête de village. — Le portement de croix. — Les saintes femmes au tom-

beau du Christ. — Etudes de soldats et de mendiants. Huit dessins.

A la plume, au lavis et a la sanguine.

CANOT (Attribué à)

60. — Un jeune garçon et une petite fille sont assis à table. Leur mère les gourmande doucement. Deux jeunes serviteurs apportent à gauche les plats. Au premier plan, deux petits chiens se dressent contre la nappe.

Aux crayons de couleurs.

CARESME (Attribué à)

61. — Danses de satyres et de bacchantes. — Bacchante endormie. Deux desins.

A la sanguine et à la plume, lavé d'encre de chine.

CARON (ANTOINE)

62. — La Salutation Angélique. — Combat des Juifs contre les Amalécites. deux dessins.

A la pierre noire, lavés de bistre et rehaussés de gouache.

CARS (LAURENT)

63. — Notre-Dame des Victoires, patrone de l'Eglise Royale des Augustins déchaussés de Paris, fondée par Louis 13. Idée première d'un tableau destiné sans doute à cette église.

A la sanguine. Signé : *Cars fil delineavit.*

CAUMETTE

64. — Alexandre et son médecin.

A la sanguine et au lavis d'encre de Chine. Signé : *Caumette.*

CAZES (Jac.)

65. — Une femme assise au bord de la mer. — Ulysse mena-
çant Circé. — Une fondatrice d'ordre agenouillée devant
un pape. — La nourrice de Myrtha énivrant le roi. — Le
Centenier aux pieds de Jésus-Christ. — La Toilette de
Vénus, etc. Sept dessins.

Au crayon noir, à la plume et au lavis de bistre.

CELLONI

66. — Un repas chez les musulmans. — Portraits d'hommes.
Trois dessins.

A la plume et au lavis de sépia.

CHABRIE (Père)

67. — Marsyas lié à un arbre, près d'un rocher.

Au pinceau et à l'encre de Chine, réhaussé de blanc sur
papier bleu. — Collection J. Vibert d'Avignon.

CHALLE

68. — Nymphes de la mer portées sur des vagues. — Intérieur de Temple Antique. — Ruines et intérieur du
Colisée à Rome. Cinq dessins.

A la plume et au crayon noir réhaussés.

CHAMPAIGNE (Ph. de)

69. — La Vierge assise tenant l'Enfant Jésus. Etudes de
figures et de mains sur la même feuille.

Important dessin à la pierre noire rehaussé de blanc.

70 — Sujets religieux. Six dessins.

A la pierre noire et à la sanguine réhaussés.

CHANCOURTOIS (Louis Beguyer)

71. — Ecuries de Mécène à Tivoli.

Paysage à la plume, lavé d'encre de chine. En haut à l'encre
Ecurie de Mécène à Tivoli. Chancourtois.

CHANTEREAU

72. — Montreurs de marionnettes. Deux études sur la même feuille. — Jeune bacchante. — Femme assise. Trois dessins.

Aux crayons de couleurs.

CHAPERON (NICOLAS)

73. — Apollon poursuivant Daphné. — Le Christ debout accompagné de deux disciples. Deux dessins.

Au crayon noir lavé de sépia et d'encre de Chine.

CHARDIN (attribué à J B. S)

74. — Suite d'une orgie. — Portrait d'homme. — Jeune femme assise et travaillant à l'aiguille. Trois dessins.

A la sanguine et au crayon noir rehaussé.

75. — Intérieur d'une maison de ferme.

A la pierre noire rehaussé de blanc, sur papier bleu

CHARLES (attribué à CL.) de Nancy

76. — Le martyre de Saint Laurent. — La Sainte famille. Deux dessins.

A la sanguine et à la plume, lavé d'encre de chine.

CHARPENTIER (J.) de Caen.

77. — Deux marchandes de légumes entourées de leurs enfants et d'acheteurs.

A la plume lavé de bistre, signé à l'encre : *Charpentier.*

78. — Une boutique de marchande de légumes.

Au pinceau, lavé de bistre. Signé : *Charpentier.* — Vente Hauregard.

CHATELET

79. — Vue de l'Etna, prise de la maison de campagne du Prince de Biscarie. — Vue du phare et du détroit de Messine. Deux dessins.

A la plume et à l'aquarelle. Ont été exécutés pour le *Voyage* de l'abbé Saint-Non.

CHATELET

80. — Vues de villes au pied des montagnes. — Grotte de Sainte-Rosalie près de Palerme. — Vue de l'écueil fameux de Scylla. — Façade d'un théâtre. Cinq dessins.

A la plume et à l'aquarelle.

CHEVILLET (J.)

81. — Jeune garçon vu de face à mi-corps et coiffé d'un bonnet.

A la sanguine. Signé : *G. Chevillette fec.* (Chevillet graveur, était élève de Chardin).

CHOISEUL (M. le Comte de)

82. — Un vieux naturaliste. — Une vieille femme assise tenant un chapelet. Deux dessins.

A la sanguine signés : *Chois.al inv.*

CLÉRISSEAU

83. — Intérieur d'une rotonde romaine en ruine.

Au crayon noir lavé de bistre et rehaussé de gouache.

CLERMONT (J. F.)

84. — Quatre tritons jouant avec une naïade. — Sujets villageois. Trois dessins.

A la pierre noire.

COCHIN le fils (C. N.)

85. — Un ange agenouillé en prière au milieu d'un paysage. — Sujets pour illustrations de l'*Iconologie*; *Térence, de Bellay*; *La Jérusalem délivrée*, etc. Vingt-neuf dessins.

Au crayon noir et à la sanguine.

CONSTANTIN d'Aix

86. — Halte de troupeau. — Paysages. — Etudes d'hommes et de femmes. Trente dessins.

A la plume et au lavis d'encre de Chine.

CORNEILLE (J. B.)

87. — Frontispice à la gloire du Roi Louis XIV.

Belle composition à la plume lavée d'encre de Chine.

88. — Vénus sur les eaux. — L'Apothéose d'un guerrier. — La Musique. — Sujets mythologiques. Six dessins.

A la plume et au lavis d'encre de Chine.

CORNEILLE (MICHEL)

89. — Phébus s'élance sur son char que précèdent l'Etoile du matin et la Rosée. Au-dessous, sur des nuages, le Sommeil et Diane avec son croissant.

A la plume, lavé de rouge et rehaussé de jaune. — Collection Kaïeman.

90. — Sainte Thérèse agenouillée devant Saint Joseph qui lui montre la Vierge.

Au crayon noir rehaussé de blanc sur papier gris. — Collection d'Yméçourt, où il était attribué à P. Mignard.

91. — Paysages. — Sujets religieux et mythologiques. — Ornements. — Allégories. Treize dessins.

A la plume et à la sanguine

COSTE (J.-B.)

92. — Vue du Colisée et d'une portion du temple du Soleil et de celui de Jupiter tonnant, près des Thermes de Tite.

A la plume, rehaussé d'aquarelle. Signé : *J -B. Coste 1782.*

COTELLE (J.)

93. — Le château de Chambord. Sur le devant du paysage, Vulcain faisant travailler ses cyclopes est assis près de Vénus qui préside à des jeux d'amours.

A la plume. — Collection Chanlaire.

COYPEL (CHARLES)

94. — Compositions pour dessus de portes. Quatre dessins.

Aux crayons de couleurs.

COYPEL (LES)

95. — Sujets historiques et mythologiques. — Etudes d'amours et de femmes. — Portraits. — Médailles, etc. Quatorze dessins.

Au Pastel, à la sanguine, à la plume et au lavis de bistre.

CRENICE (DE)

96. — Projet de fontaine monumentale avec nombreuses statues de fleuves et de Naïades.

Dessin à la plume, dédié à M. de Bernage, prévôt des marchands de la Ville de Paris.

D. C. (LOUIS)

97 — Deux dames en costumes des dernières années du XVIIIe siècle, secourent une pauvre mère de trois enfants. La scène se passe au milieu d'un paysage napolitain décoré de ruines antiques.

Très belle aquarelle, dédiée à Mme la Comtesse Pouschkine. *Signée Louis D. C. Naples le 24 Novembre 1797.*

DANLOUX

98. — Etude de quatre têtes. Croquis de portraits et de sujets gracieux. Quinze dessins.

A la pierre noire et une esquisse peinte

DARET

99. — Sujets religieux. — Etudes de têtes. — Paysages, etc. vingt-sept dessins.

A la sanguine, à la plume et au lavis d'encre de chine

DARMANCOURT

100. — Portrait d'actrice, et Portrait d'homme. Deux dessins grandeur nature.

> Très belles compositions aux trois crayons à l'estompe et au pinceau. — Collection Romagnesi.

DAVEN (LÉON)

101. — Jésus-Christ assis à table avec ses disciples. — Le Christ ressuscité est entouré et soutenu par des anges. Deux dessins.

> A la plume et au lavis de bistre.

DAVID de Marseille.

102. — Paysages. Onze dessins.

> A la plume et à la sanguine, lavés d'encre de chine.

DE BAY (AUG.)

103. — Une jeune nymphe assise dans une grotte est lutinée par des satyres.

> A la sépia. Signé : *A. Debay*.

DE LA HAYE (SIMON P.)

104. — Etude d'homme vu de dos. — Rome personnifiée par une femme. Deux dessins.

> Au crayon noir et au lavis de sépia, un est signé.

DELAMONCE (FERDINAND)

105. — Frontispice pour l'*Analyse des Infiniment petits*. — Sujets pour illustrations. Trois dessins.

> A la plume, lavés d'encre de chine, signés. — Collection Aussant.

DELAMONCE

106. — Sujets bibliques. — Scènes de l'histoire ancienne.—
Vignettes pour illustrations. Dix dessins.

A la plume et au lavis d'encre de chine.

DELAPORTE

107. — Portrait d'acteur. — Têtes d'enfants. Trois dessins.

A la sanguine, signés : *Dessinés par De la Porte. 1780.*

DE LA TRAVERSE

108. — Vue de Morviedo en Espagne. — Vue de Lisbonne. —
Paysages. Cinq dessins.

A la plume et au lavis de sépia.

DELAUNE (attribué à ET.)

109. — Naissance de Bacchus. Une femme ailée tire l'enfant de
la cuisse de Jupiter, une autre femme verse de l'eau dans
un vase. Le sujet est entouré d'une bordure dont la moitié
seulement est ornementée.

A la plume, lavé et rehaussé de blanc sur papier teinté de
sanguine.

DE LAVAL (P. L.)

110. — Portrait du Comte d'Artois.

Crayon noir et lavis d'encre de chine. Signé : *P. L. de Laval.*

DEMARNE

111. — Départ d'un convoi de troupes. — Etude de bouleaux.
Paysages, etc. Sept dessins.

A la plume, lavés de sépia et à l'aquarelle.

DENNEL

112. — L'essai du corset d'après Wille fils.

> Dessin au crayon noir, mis au carreau pour la gravure
> Vente Rochoux.

DENON (DOM. VIVANT)

113. — Groupe de treize figures grimaçantes. — Groupes d'enfants, etc. Six dessins.

> A la plume, lavés de sépia.

114. — Nymphe et Satyre.

> A la plume, lavé d'encre de chine et rehaussé de gouache.

DESCAMPS (J.-B.) de Rouen

115. — Petit paysage dans le goût hollandais. — Deux cavaliers se séparent de leurs maîtresses. — Vue du Vieux Château de Rouen. — Danse de Villageois. — Une Cauchoise accompagné de son père. — Présentation d'une nourrice. — Jeune femme assise. Sept dessins.

> A la pierre noire, rehaussés de blanc sur papier gris.

116. — Etudes de femmes, d'enfants, de paysannes, etc. Seize dessins.

> A la sanguine, rehaussés de blanc sur papier gris.

117. — Etudes de femmes, de religieuses et de paysans. — Etudes d'arbres. Dix-huit dessins.

> A la pierre noire, rehaussés de blanc et de sanguine sur papier gris.

DESCAMPS (attribué à J.-B.)

118. — La promenade publique. — Même sujet avec quelques changements. Deux dessins.

> A la sanguine. — Vente Descamps.

DESCAMPS fils (J.-J.)

119. — Loth, sa femme et ses filles sortent de leur maison pour fuir Sodome sous la conduite de deux Anges.

Important dessin à la pierre noire, rehaussé de blanc sur papier bleu. — Au verso un dessin d'architecture. — Vente Descamps.

120. — Sujets mythologiques. — Etudes d'hommes. — Scènes d'histoire. — Décoration de monuments. — Armoiries papales, etc. Treize dessins.

A la sanguine, au crayon noir et à la plume, rehaussés de bistre.

DESFRICHES d'Orléans.

121. — Vue de l'Eglise de la Chapelle, près d'Orléans.

A la pierre noire, lavé de bistre *Dessiné le 16 Juin 1768.*

DESHAYES (J.-B.)

122. — Au pied d'une colonne triomphale un guerrier debout et semblant succomber à ses fatigues, est soutenu par une femme drapée et la tête ceinte de lauriers.

Très belle esquisse peinte sur papier.

123. — La fuite en Egypte. — Le Repos de la Sainte Famille. — Supplice d'une Vestale. — Martyre d'un saint. — Chute d'eau dans les montagnes, etc. Six dessins.

A la plume et au lavis d'encre de chine et de sépia.

· DESPRÉS

124. — Vue du pillage de la Cocagne à Naples.

A la plume et à l'aquarelle A été gravé pour le *Voyage à Naples et en Sicile* de l'abbé de Saint-Non.

125. — Vue du golfe et du village de Mare Piano, près de Naples.

A la plume et à l'aquarelle, a été gravé par Lingée pour le *Voyage à Naples et en Sicile* de l'abbé de Saint-Non.

DESPRÈS

126. — Etablissement du camp des soldats de Pompée. —
Vue extérieure de l'Eglise Saint Philippe de Néri à Naples.
Deux dessins.

A la plume, lavés d'aquarelle pour le *Voyage* de l'abbé Saint-
Non.

DESRAIS (C. L.)

127 — Les médaillons du Roi et des princes de la famille
royale, soutenus par des figures allégoriques. En haut, sur
des nuages, leurs ancêtres.

A la plume, lavé d'encre de chine et rehaussé de gouache.
Signé : *C. L. Desrais. 1816.*

D'HUEZ

128. — La France, sous la figure de la Reine, regarde la machine aérostatique s'élevant dans les airs. — Triomphe de
la Physique à l'occasion de la machine aérostatique. —
Procédés des sieurs Montgolfier et Charles; la Physique y
préside et semble satisfaite de leur découverte. Trois
dessins.

A la plume, lavés de bistre. Signés.

DIEU (ANTOINE)

129. — Vignettes pour l'oraison funèbre d'une princesse de la
Maison de Bourbon. Deux dessins.

A la plume, lavés d'encre de chine.

130. — Un jeune nègre apporte un oiseau à une dame assise
dans sa volière avec une de ses amies, qui tient un perroquet sur son doigt.

Sanguine. Signé *Dieu.*

DUBREUIL (TOUSSAINT)

131. — Communion des Chevaliers du Saint-Esprit.

Très fin dessin à la plume, lavé d'encre de chine et rehaussé
de blanc sur vélin. Il a été exécuté en orfèvrerie pour l'une des
quatre faces de la masse des chevaliers du Saint-Esprit au musée des Souverains au Louvre.

DUBREUIL (TOUSSAINT)

132. — Projet de décoration d'autel, avec les chiffres de Henry IV et de Marie de Médicis.

> Très belle composition à la pierre noire, lavée d'aquarelle. — Collections Kaïemann et Ch. Gasc.

DUCHÉ DE VANCY. DUTERTRE

133. — Jeune femme regardant deux amours tenant les Initiales L. G. — Modèles de Vases. — Psyché abandonnée. — Jeux de Satyres. — Vignette pour illustration. Cinq dessins.

> A la mine de plomb, à la plume et au lavis.

DUFLOS (F. P.)

134. — Terrasse d'une villa romaine. Titre pour : Vues de Rome et des environs, désinée (sic) par F. P. Duflos. MDCCXL.

> Plume et lavis de sépia.

DUFRAINE

135. — Costume de femme, époque Louis XVI.

> Crayon noir.

DULIN (attribué à)

136. — Costumes en pied pour le sacre de Louis XV. Cinq dessins.

> A la pierre noire, rehaussé de craie sur papier bleu et sur papier chamois.

DUMONSTIER

137. — Portrait d'homme, en buste avec large collerette.

> Beau dessin au crayon noir rehaussé de sanguine.

138. — Portrait de la reine Elisabeth d'Angleterre.

> Aux crayons de couleurs.

DU PASQUIER

139. — Les Supplices du Tartare, les danaïdes, Ixion.

A la plume lavé d'encre de Chine. Signé : *Du Pasquier. 1775*
De la collection Laluyé.

DURAMEAU

140. — L'Atelier du sculpteur. — L'Atelier du peintre. —
Mort d'un guerrier. Trois dessins.

A la plume et au lavis. Signés.

DUVIVIER (IGNACE)

141. — Intérieur d'un atelier de peintre.

Crayon noir lavé de bistre. De la collection Aussant.

142. — Taureau attaqué par des chiens.

Au bistre, rehaussé de blanc sur papier apprêté. —Collection
d'Ymécourt.

ECOLE ANCIENNE (XVIᵉ SIÈCLE)

143. — Une Amadryade vient d'enfanter, des Nymphes et des
Muses, jouant d'instruments divers, entourent le berceau
de l'enfant.

A la plume lavé de bistre, pouvant être attribué à Lucas
Penni ou au Primatice.

ÉCOLE BRETONNE

144. — Projet d'une chàsse, au sommet de laquelle est
agenouillé un Evèque. Deux anges portent les attributs
épiscopaux.

A la plume, lavé d'encre de Chine. — Vente Aussant de
Rennes.

ÉCOLE DE FONTAINEBLEAU

145. — L'Archange Michel terrassant le démon. Composition ovale

A la plume et au lavis de sépia. Cachets de collections. Encadré.

146. — Diane et Apollon. — Figure de l'Amour. — Samson portant des colonnes. — Le Triomphe de Mars. Quatre dessins par ou attribués à Jean Cousin, Dubreuil, Ant. Caron et Bellange.

A la plume et au lavis de bistre et d'aquarelle.

147. — Sujets religieux. — Scènes d'histoire. — Allégories. — Ornements. Etc. des écoles françaises du Nord, de Lyon, de Simon Vouet, des époques de Charles IX et de Henri IV, etc. Vingt-quatre dessins.

A la plume, à la sanguine et au lavis de bistre, de sépia et d'encre de Chine.

148. — Ornements. — Sujets religieux. — Allégories. — Paysages. Etc., par ou attribués à Benvenuto, Blanchard, Boucher, Brebiette, Caron, Chauveau, J. Cousin et autres. Dix-neuf dessins.

A la sanguine, à la plume et au lavis de sépia et d'encre de Chine.

149. — Allégories. — Motifs d'architecture. — Sujets d'histoire, par ou attribués à Et Delaune, A. Dubois, T. Dubreuil, G. Dumée, Nicolo de l'Abbate. L. Penni, Perac, G. Pilon, le Primatice, Rosso et autres. Vingt-cinq dessins.

A la plume, à la sanguine et au lavis de bistre et d'encre de chine.

150. — Sujets religieux. — Etudes d'Amours. — Monuments. — Motifs d'architecture. — Mausolées, etc, vingt-trois dessins par des Maîtres inconnus des XVe, XVIe et XVIIe siècles.

A la plume et au lavis.

ECOLE FRANÇAISE (fin du xve siècle)

151. — Une tête de jeune homme, de longs cheveux encadrent sa figure et sont coupés par devant, au ras des yeux.

Dessin à la pierre noire, cadre ancien en bois sculpté.

ECOLE FRANÇAISE (xvie siècle)

152. — La Tentation du Christ. La partie gauche de la composition est encadré d'ornements d'architecture entremêlés de figures dans la manière d'Etienne De Laune.

A la plume, lavé de bistre et rehaussé de blanc. — Collection Ch. Giraud.

ECOLE FRANÇAISE (xviie siècle)

153. — L'Education du Dauphin (Louis XIII).

Très fin dessin à la plume lavé d'encre de chine.

154. — Portrait d'homme.

Beau dessin à la sanguine — Collection Aussant.

155. — Deux généraux présentent au Roy ayant devant lui le jeune dauphin et entouré de sa Cour, des plans de villes conquises. Dessin entouré de médaillons représentant les faits principaux de l'Année. Composition pour un almanach.

A la plume, lavé d'encre de chine et mis au carreau.

156. — La Ferme incendiée.

Importante composition à la pierre noire rehaussée de blanc sur papier bleu. — Collection Aussant.

157. — Projet de galerie de portraits pour un palais du Grand Condé. Il a écrit lui-même dans un trumeau surmonté de son écusson. " C'est là le dessain que je veus " (sic) signé : *Louis de Bourbon.* Dans le haut à gauche, projet de portraits en pied. L'un de forme ovale et un autre en repentir de forme carrée.

Belle aquarelle. — Collections Rutxiel et Ch. Giraud.

158. — Une Sainte et un enfant debout, tenant chacun une palme, sont entourés par des docteurs à genoux.

A la plume, lavé d'indigo.

159. — Composition à la gloire du Cardinal de Richelieu.

A la plume, lavé d'encre de chine.

ÉCOLE FRANÇAISE XVIIIᵉ siècle)

160. — Portrait d'une dame de la Cour. Buste fort comme nature.

> Aux crayons de couleurs, portant le cachet de l'Ecole de Reims.

161. — Nymphe endormie dans un paysage, un satyre s'approche d'elle et est repoussé par un Amour.

> A la pierre noire rehaussé de blanc sur papier jaune. — Collections Chev. Damery et Hauregard.

162 — Sujets tirés de l'histoire Romaine. Allégories, Paysages, par ou attribués à Garnier, Fournier d'Ajaccio, Callet, Constantin, Sané, Ecole de David, etc.

> Dix dessins in-fol.

163. — Projet pour la place du Pérou à Montpellier.

> Fin dessin à la plume rehaussé d'aquarelle. — Vente Rochoux.

164. — Jeune peintre assis devant un chevalet sur lequel est posé un portrait de femme auquel il travaille

> Esquisse à la pierre noire, rehaussé de blanc sur papier gris

ECOLE ITALIENNE (XVIIᵉ siècle)

165. — Henry IV, debout et entouré de sept personnages, signe un édit ou un traité que soutiennent à droite et à gauche un Cardinal et un Docteur.

> Plume et lavis de bistre avec rehauts de gouache. Collection Vallardi.

ECOLE DE LORRAINE

166. — Un Arc de triomphe dans le fronton duquel se voit, au milieu d'un trophée, l'écusson à la croix de Lorraine.

> A la plume lavé d'aquarelle.

ECOLE DE LYON (XVIᵉ siècle)

167. — Portrait d'homme à mi-corps, tenant un livre sur la marge duquel se lit la date de 1552.

> Dessin au crayon noir dont le fond est teinté de sépia. Le livre et le costume sont à l'aquarelle. Cette composition pourrait être attribuée à Corneille de Lyon et semblerait avoir servi de modèle pour un vitrail. — Collection Maurel de Marseille.

ÉCOLE PROVENÇALE

168. — Une galère aux armes du Roi et deux vaisseaux avec des barques manœuvrant en vue d'une ville.

Dessin sur vélin, très finement lavé au pinceau et à l'encre de chine. — Collection Maurel.

ÉCOLE PROVENÇALE (attribué à l')

169. — Des Anges viennent délivrer des Ames du Purgatoire et les montent vers la Vierge assise sur les nuages avec son enfant sur les genoux.

A la pierre noire, lavé de sépia. — Collection J. Vibert d'Avignon.

ÉCOLE DE TOULOUSE.

170 — Un roi en costume romain traverse au galop un champ de bataille. — Projet de portrait d'une nombreuse famille. Deux dessins.

Au crayon noir et à la plume, lavé d'encre de chine.

EISEN le père

171. — Le marchand d'oiseaux.

Belle étude à la pierre noire rehaussée de blanc, sur papier gris.

EISEN (CHARLES)

172. — Vénus fouettant l'Amour. — Projet de tombeau pour Marie-Antoinette. — Costume d'Infanterie. — Vignettes pour illustration. Six dessins.

A la mine de plomb et à la plume, lavé d'encre de chine.

ESCHARD (CHARLES)

173. — Paysages. — Ruines anciennes. — Costumes de paysans. — Trophées. — Portrait d'homme. — Etudes d'animaux, etc. Treize dessins.

A la plume, à la pierre noire, à la sanguine et au lavis d'encre de chine et de sépia.

ESCHARD (CH.)

174. — Mendiants et mendiantes. Six dessins.

A la plume et au crayon noir. Signés.

FACHOT l'aîné

175. — Vue des principales carrières sur la montagne de Fiesole, près de Florence. — Paysages. Trois dessins.

Au crayon noir et à l'encre de chine rehaussé de gouache.

FALENS (VAN)

176. — Chasseur égaré.

A la mine de plomb et à la plume lavé d'encre de chine. — Vente Durand. Collection Gasc.

FAVANNE (JACQUES DE)

177. — Caline Olonnaise ou marchande de sardines à Rochefort.

Au crayon noir lavé d'encre de chine. Signe : *Jac. de Favanne inv.*

178. — Vénus portée sur les eaux par un dauphin. — Un Roi fait lever par des soldats la pierre d'un tombeau. — Abraham renvoie Agar. — La présentation de la Vierge au Temple. Quatre dessins.

Au crayon noir et à la plume, lavés d'encre de chine.

FERDINAND (LOUIS-ELLE)

179. — Projets de portraits d'hommes. Neuf dessins.

A la pierre noire et à la sanguine, rehaussés de craie sur papier gris.

180. — Projets de portraits de dames et de religieuses. — Etudes de mains. Huit dessins.

A la sanguine et à la pierre noire, rehaussés de craie sur papier gris.

FERDINAND (LOUIS ELLE)

181. — Première pensée d'un portrait de femme couronnant l'amour. — Une jeune peintresse exécutant le portrait d'une famille. — Première pensée d'un portrait de famille. Trois dessins.

A la sanguine, rehaussés de blanc sur papier gris.

FLAMEN (ALBERT)

182. — Onze sujets pour l'illustration d'un Roman. — Quatre sujets sur les *Plaisirs des gentilhommes et des dames à la campagne*. — Vue extérieure d'un fort bastionné. — Vue intérieure de l'entrée d'un ancien château. Dix-sept dessins.

A la plume et au lavis d'encre de chine, la plupart sont signés. — Vente Guichardot.

FLEMAEL (BERTHOLET) de Liège.

183. — Projet de plafond.

A la plume, lavé de bistre.

FLODING, graveur suédois.

184. — Portrait en buste, grandeur nature, d'un personnage dont la cuirasse est recouverte d'un manteau d'hermine.

A la sanguine. — Collection Saehtelen.

FORBIN (Cte AUGUSTE de).

185. — Costumes musulmans. — Vues de Grèce, d'Egypte et de Palestine. — Paysages, etc. Vingt dessins.

A la plume, à la pierre noire, plusieurs sont lavés à l'encre de chine.

FOREST (attribué à)

186 — Paysages. — Réunion de nombreux personnages sous le péristyle d'un palais magnifique. Trois dessins.

A la plume, lavés d'encre de chine. — Collections Villot et Guichardot.

FOUQUIERS (J.)

187. — Paysage.

> Très beau dessin au lavis de sépia, signé : *Fouquier, 1568.*

FRAGONARD (Honoré)

188. — Un homme assis au bout d'une table de paysan, montre de la main droite une carte et de la gauche étend son chapeau vide, près du flambeau qui éclaire la scène. La table est entourée de figures d'hommes et de jeunes filles qui rient.

> Importante composition à la mine de plomb, lavée de sépia.

FRAGONARD (Epoque de)

189. — Deux hommes transportent un vieillard mort que d'autres à droite s'apprêtent à monter dans un tombeau pompeux.

> Belle composition au lavis de bistre, datée : *Rome, 1774.*

FRANCART

190. — Mercure assis tient une nymphe entre ses bras.

> A la plume lavé d'indigo. Signé : *Francart invenit à Paris, 1622.*

FREMINET (attribué à)

191. — Apollon vainqueur du serpent Python.

> Belle étude à la plume.

FREUDENBERG (S.)

192. — Intérieur d'une famille villageoise.

> A la plume et au lavis d'encre de chine.

GAGNERAUX (attribué à)

193. — Scènes nuptiales. — Sujets mythologiques. — Le Passage du Rhin, etc. Huit dessins.

> A la plume et au lavis de sépia.

GALLOCHE (L.)

194. — Hercule rendant Admète à son époux.

Beau dessin à l'encre de Chine, rehaussé de gouache sur papier bleu. — Collection Olive de Marseille.

GAMELIN

195. — Un combat de cavalerie. — Un lion attaquant un troupeau de moutons. Deux dessins.

A la pierre noire et au lavis d'encre de chine rehaussé de gouache.

GARAND

196. — Portrait d'une vieille dame assise et tenant son rouet sur ses genoux. Devant elle, une table sur laquelle est la cage du perroquet qui est juché sur son fauteuil.

Sanguine et crayon noir. Signé.

GAUTIER-DAGOTY

197. — Cincinnatus prenant son repas avec sa famille, est visité par un personnage consulaire suivi par trois serviteurs qui lui apportent des présents qu'il refuse.

Au pinceau et à la gouache. — Vente Perrot.

GELLÉE (CLAUDE), dit le Lorrain

198. — Soleil couchant passant entre des massifs d'arbres.

Très beau dessin à la plume, lavé d'encre de chine. — Collections Mariette et Denon.

199. — Magnifique et grand paysage.

A la plume, lavé de bistre (restaurations).

200. — Paysage représentant à droite une tour surmontant les murailles crénelées d'un fort.

A la plume et au lavis de bistre. — Collection Ch. Giraud.

GELLÉE (attribué à CLAUDE)

201. — Paysages. — Etude de bateau de pêche. Quatre dessins.

> A la plume, lavés de bistre. Un est de la collection Gasc

GENOELS (ABR.)

202. — Paysages. Cinq dessins.

> A la plume et au lavis de sépia et d'encre de chine.

GÉRARD (Mlle MARGUERITE)

203. — Une jeune fille assise dans un fauteuil et tenant un portefeuille sur ses genoux, dessine d'après un modèle ajusté à un chevalet.

> A la sanguine.

GERMAIN

204. — Démolition d'un quartier de Paris. Au premier plan à gauche, un artiste dessine les ruines.

> Sanguine. Signé.

205. — Buisson de fleurs sauvages. — Blocs de rochers entremêlés d'arbustes. — Tombeau antique mis hors de terre. Quatre dessins dont une contre-épreuve.

> A la sanguine. Signés.

GHEZZI (PIETRO-LEONE)

206. — Son portrait par lui-même.

> A la plume.

207. — Portrait-charge de Joseph Vernet.

> A la plume.

GILLOT

208. — Croquis pour décoration de panneaux. — Sujet
mythologique. — Paysage. Six dessins.

>A la plume et à la sanguine. — Collection Ch. Giraud.

GILLOT (Ecole de)

209. — Une noce de village dans une salle au milieu d'une
nombreuse assistance.

>A la plume et à la sanguine, lavé d'encre de chine. — Au
verso, autre dessin, sujet religieux.

GIRARDON (attribué à)

210. — Portrait de profil d'un Seigneur de la cour. — Tête
grimaçante. Deux dessins.

>A la pierre noire et à la sanguine sur papier gris.

GOIS, sculpteur

211. — Cérémonies religieuses. — Combat des Horace et des
Curiace. Trois dessins.

>A la plume et au crayon noir, rehaussés d'encre de chine.

212. — Un homme expire sur son lit entouré de sa famille.

>A la plume, lavé d'encre de chine. Signé : *Gois delineavit.*

GOUFFIER (Cte DE CHOISEUIL)

213. — Jeune femme assise dans un paysage. — Vue de
Florence. — Marius sur les ruines de Minturnes. Trois
dessins.

>A la mine de plomb et à la plume, lavés de sépia.

GRAVELOT (HUBERT)

214. — Titre avec figures allégoriques pour la carte du Haut
Dauphiné et de la frontière de Savoie et de Piémont.

>Très belle composition à la plume, lavée de sépia. On y
a joint la gravure et le dessin sur papier végétal de Noël
Le-Mire le graveur.

GRAVELOT (HUBERT)

215. — Henri IV chez le Fermier Michaud. Composition ovale, gravée pour *la Partie de chasse de Henri IV*, par Collé.

> A la plume, lavé de bistre. Sur la même feuille, un autre dessin représentant la Mort de Turenne.

216. — Vignettes pour illustration. Quatre dessins.

> A la plume, lavés de sépia et à la sanguine.

GRÉGOIRE (P.), d'Aix

217. — Une fontaine dans un parc. — Vue de Toulon, 1782. — Sujets de Pêcheurs et de Paysans. Six dessins.

> A la pierre noire et au lavis de sépia. Signés. — Collection A ssant.

GREUZE (J. B.)

218. — Portrait de Monsieur de Buffon.

> Esquisse peinte sur papier. Au bas on lit: *Maquette du portrait de M. de Buffon par J.-B. Greuze 1778.*

219. — Un jeune berger debout derrière une bergère au pied de deux grands arbres, et ayant près d'elle ses chiens, sa houlette et son panier.

> Belle esquisse au crayon noir lavée d'encre de chine. Signé : *Dessin original de Greuze*. — Collection Jules Dupan de Genéve.

220. — Diane au bain. Elle est est accroupie dans les roseaux à l'ombre des arbres auxquels elle a suspendu son carquois, et elle s'abrite d'une draperie qu'elle relève au dessus de sa tête.

> Belle étude au pinceau, lavée d'encre de chine, encadrée.

221. — L'Amour volant, le bras gauche levé. — Un homme debout et tenant un bâton paraît menacer un personnage invisible, deux enfants se jettent à ses genoux. Deux dessins.

> Belles esquisses au pinceau et à l'encre de chine. — Vente Chanlaire.

GREUZE (J. B.)

222. — Repos de la Sainte Famille. — Le courant de la vie entraîne vers l'abîme la barque d'un pauvre homme qui rame en vain. Deux dessins.

Esquisses à la plume et au lavis d'encre de chine.

223. — Réunion dans une Eglise. — Dans un intérieur misérable, un homme relève de terre une femme gisante. — Etude du berceau pour le tableau de la mère bien aimée. — Etudes de femmes. — Un jeune homme courant après une jeune fille, un Amour le pousse. — La leçon de labourage etc. Huit dessins.

Au pinceau et à la plume.

GRIMALDI Le Bolognèse

224. — Paysages. Neuf dessins.

A la plume.

GROBON, Lyonnais.

225. — Marine dans le goût de J. Vernet. — Paysages. — Quatre dessins.

A la plume et au lavis de sépia et d'encre de chine. — Collections Fleury, Hérard et Guichardot.

GUASPRE-POUSSIN (GASP. DUGHÉ)

226. — Paysages. Deux dessins.

A la sanguine, un est signé, l'autre provient de la collection Mariette.

GUIBAL (N)

227. — L'Histoire, entourée de Génies des Arts et des Sciences, écrit le nom de Catherine II sur une table de marbre dressée devant elle.

Belle composition à la plume lavée d'encre de chine, sur papier gris. Signé *N. Guibal inv. 1777.*

GUIBAL (N.)

228. — Portrait d'homme.

A la pierre noire, rehaussé de craie sur papier bleu.

HALLÉ (CL. GUY)

229. — Le Jugement de Pâris. - L'Amour tenant un flambeau. — Le Magnificat. — Jésus-Christ bénit le Centenier. — La conversion de Saint Paul. — Sujets religieux, etc. Douze dessins.

A la pierre noire et à la plume lavés de sépia et d'encre de chine ; plusieurs sont signés.

HILAIR

230. — Une mosquée au bord de la mer. — Soldat turc, debout. — Vue d'une ville d'Orient.— Etudes d'orientaux. Sept dessins.

A la sanguine, à la plume lavés de sépia et à l'aquarelle.

HOLLIER DES CARRIÈRES

231. — Vue d'une ville (de la Champagne) et de son faubourg séparés par un pont. Nombreuses figures.

A la mine de plomb. Signé : *Hollier des Carrières, invenit, Delineavit.*

HOUEL (J.)

232. — Paysages. Deux pendants.

Charmants dessins au crayon noir et à l'aquarelle. Signés : *J. Houël, 1763.* — Collection Jousselin.

233. — Voyageur couché causant avec une bergère qui garde ses bœufs.

Au lavis d'encre de chine, rehaussé de sépia. Signé : *Houel, 26 février 1774.*

234. - Chef de bandits faisant distribuer à ses hommes leur part de butin. — Costumes d'italiennes. — Vue de Provins (?). — Grottes de stalactites. Cinq dessins.

A la plume, lavés de sépia et d'aquarelle.

HUET *(J.-B.)*

235. — Des visiteurs montent l'escalier du Palais de Capracola appartenant aux Farnèse.

A la sanguine. Signé : *J.-B. Huet del. 1773.*

HURET (Grégoire)

236. — Inauguration présumée de l'Eglise des Jésuites de la rue St-Antoine.

Importante composition à la pierre noire.

237. — Frontispice pour *la Science héroïque du sieur de la Colombière*. — Allégorie sur les sciences. Deux dessins.

A la pierre noire.

HUTIN (Charles)

238. — Statue équestre de Louis XV, commandée en 1731 par la Ville de Bordeaux et inaugurée sur la place Royale le 15 août 1743, d'après J.-B. Le Moyne.

Sanguine.

HUTIN (attribué à)

239. — Saint Joseph debout, la tête levée vers le ciel et tenant sur son bras gauche l'enfant Jésus qui est servi et adoré par des Anges.

Au crayon noir, lavé d'aquarelle et rehaussé de gouache. Vente Rochoux.

JAY (L. J.) de Grenoble

240. — Etude d'arbres, Intérieur de forêt, près de Voyron, 1802. — Le Jeune botaniste. — Bélisaire recevant une aumône. Trois dessins.

A la plume et au lavis d'encre de chine.

JEAURAT (Edme)

241. — Etude de trois paysannes.

A la pierre noire, sur papier gris.

JEAURAT (Edme)

242. — Etudes de quatre femmes du peuple. — Trois études de femmes.— Jésus-Christ ressuscite Lazare. Trois dessins.

A la pierre noire, rehaussés de blanc sur papier gris.

JOLLAIN

243. — Une jeune mère tend les bras à un petit enfant debout. — Une fermière fait manger la bouillie à son enfant assis sur ses genoux. Deux dessins.

A la plume, lavés de sépia.

JOUVENET

244. — Plan de fortifications présenté au ministre de la guerre.

Au lavis d'encre de chine, rehaussé de gouache.

245. — Compositions religieuses. — Etudes de têtes et de mains. — Académies. Quatorze dessins.

A la pierre noire et à la sanguine, sur papier gris, plusieurs sont à la plume et au lavis d'encre de chine.

JULIEN de Parme

246. — Diverses têtes à caractères d'hommes, de femmes et de soldats. — Virgile lisant l'Enéide devant Auguste. — Etude de petit garçon. — L'Education de l'Amour par Vénus et Mercure. Quatre dessins.

A la plume, à la sanguine et au crayon noir rehaussé. — Collections J. Dupan et Ch. Giraud.

JULIEN de Toulon

247. — Satyre faisant danser deux Nymphes.

A la pierre noire rehaussé de blanc, sur papier gris. — Vente Rochoux.

LACOUR (PIERRE) de Bordeaux.

248. — Bacchanales. — Le corps d'un guerrier étendu sur un lit de parade.— Sujets religieux.— Paysages. Six dessins.

A la plume et à la mine de plomb. Deux sont rehaussés.

249. — Débarquement du Comte d'Estaing à Bordeaux.

Belle composition à la pierre noire, rehaussée de traits de plume et de sanguine, signée : *P. Lacour.*

LAFAGE (RAIMOND)

250. — Le Baptême du Christ.

Dessin capital, à la plume lavé d'encre de Chine. — Provient de la vente de l'Artiste. Encadré.

251. — Sujets religieux. — Scènes mythologiques. — Portraits. — Etudes de Costumes. — Allégories. Vingt-trois dessins.

A la plume, et au lavis d'encre de Chine ; la plupart sont signés.

LAFOSSE (CH. DE)

252. — Allégorie de la Peinture.

Sanguine. — Collection Guichardot.

253. — Portrait de Magistrat vu de face, en robe rouge et à parements noir.

Aux crayons de couleurs, sur papier gris. — Au verso, études de mains.

254. — Bacchant ivre couché à terre auprès d'un vase renversé. — Une Bacchante. Deux dessins.

Vigoureuses études aux crayons de couleurs. — Collection Destailleurs.

255. — Projets d'architecture et de décoration. — Plafonds. — Sujets mythologiques, etc. Dix-sept dessins.

A la sanguine et à la pierre noire rehaussés.

LA FOSSE (J. CH. DE)

256. — Projet d'une statue en pied du Roy Louis XV. Avec piédestal décoré des attributs de la Paix, de la Guerre et des Arts.

A la plume, lavé d'encre de chine et rehaussé d'aquarelle.

LAGNEAU

257. — Portrait de Jean Pierre Acarie, membre du Conseil des Seize pendant la Ligue.

Très beau dessin aux crayons de couleurs.

258. — Portrait d'homme, vu de face.

Aux crayons de couleurs. — Collection Aussant. Sur la même feuille un portrait de femme du XVIIe siècle. Deux dessins.

LAGRENÉE (J. J.) le Jeune.

259. — Marche de Jaçob pour la Mésopotamie.

A la plume, lavé d'encre de chine. Signé : *Monsieur de La-grenée J. J.*

260. — Sujets mythologiques. — Modèles de vases. Cinq dessins.

A la pierre noire et à la plume lavés de bistre et d'encre de chine.

LA HYRE (LAURENT DE)

261. — Sujets religieux. — Etudes de décoration d'édifices. — Plafonds. — Paysages, etc. Treize dessins.

A la pierre noire et à la plume rehaussé de sépia et d'encre de chine.

262. — Sultan recevant des Esclaves et des présents. — Evê-que secourant des pestiférés. Deux dessins.

Plume et lavis.

LALLEMAND (J B.)

263. — Intérieur d'une cour de ferme. — Cour de ferme. — Vue d'une ville de Bourgogne (?) — Vue d'une ville au bord d'un fleuve. — Baigneuses. — Paysage. — Intérieur d'une église de Rome. Sept dessins.

A la pierre noire, à la plume lavés d'encre de chine et à la gouache.

264. — Sujets pour illustrations. Quatre dessins sur la même feuille.

Plume et lavis de sépia. Signés : *Lallemand Père.*

LA LONDE (FR RICH. de)

265. — Vue panoramique de la ville de Caen. Grand in-fol. en larg. avec les armes de la ville dans la marge inférieure.

A la plume et au lavis d'encre de chine. A été gravé vers 1747.

LANCRET (NICOLAS)

266. — Etude pour la figure d'un jeune galant, un genou à terre. — Deux Etudes pour une femme penchée en avant. Trois dessins.

A la sanguine.

LANGE de Toulouse

267. — Vue des jardins de St-Grégoire.

Au crayon noir. — Vente Rochoux.

LANTARA

268. — Paysages. Trois dessins.

A la plume et à la pierre noire.

269. — Paysage par un temps orageux.

Beau dessin au crayon noir.

LARGILLIÈRE (Nicolas de)

270. — Première pensée du charmant tableau de la famille de l'artiste (Musée de Versailles). — Projets de portraits et de tableaux. Trois dessins.

> A la pierre noire, rehaussés de blanc sur papier bleu.

271. — Portrait d'un chasseur et de sa famille. — Composition différente pour le même portrait. Deux dessins.

> A la pierre noire, rehaussés de blanc sur papier bleu. — Vente Maurel.

272. — Etudes pour portraits de Dames et de Gentilshommes. Cinq dessins.

> A la pierre noire, rehaussés de blanc sur papier bleu.

273. — Projets de tableaux de familles. Deux dessins.

> Au crayon noir, rehaussés de blanc sur papier gris. — Collection Aussant.

LA RUE (DE)

274. — Entrée triomphale d'un Ambassadeur Turc à Paris.

> Belle composition à la plume, lavée de sépia.

275. — Scène de cabaret. — Sujets militaires. — Batailles. — Costumes, etc. Huit dessins.

> A la plume et au lavis d'encre de chine et à l'aquarelle.

LAVALLÉE-POUSSIN

276. — Architecture. — Projet de fontaines. — Sujets mythologiques. — Académies, etc. Dix-sept dessins.

> A la plume lavés de bistre et à la pierre noire.

LAVREINCE (attribué à N.)

277. — Etude pour l'*Heureux moment*.

> Esquisse peinte sur papier.

LEBARBIER l'aîné

278. — Deux philosophes Grecs conversent assis sur des ruines. — Joseph vendu par ses frères. — Paysage, etc. Quatre dessins.

A la plume, lavés de sépia et d'aquarelle.

LE BAS (JAC. PH.)

279. — Sujet Pastoral.

Très fin dessin à la mine de plomb sur parchemin. — Vente Defer.

280. — Sujet pastoral. — Une Bergère debout reçoit les conseils de l'amour. Deux dessins.

A la mine de plomb. — Collection Aussant.

281. — Tête de jeune garçon. — Danseurs. Deux dessins.

A la sanguine et à la pierre noire. Le premier est signé : *J. P. Le Bas, 1739.*

LE BLOND (ALEX.)

282. — Tombeau de Turenne dans une chapelle.

A la plume et au lavis d'encre de Chine.

LE BOULANGER DE BOISFREMONT

283. — Sujets antiques. Etudes pour mascarons. Six dessins.

A la pierre noire, rehaussés de blanc sur papiers gris et bleu.

LE BRUN (CHARLES)

284. — Scènes d'histoire. — Vignette pour illustrations. — Allégories. — Sujets religieux. Neuf dessins.

A la pierre noire et à la sanguine, rehaussés de sépia et d'encre de chine.

LE BRUN (CHARLES)

285. — Projet de mausolées. — Architecture. — Figures d'enfants. — Sujets d'histoire, etc. Onze dessins.

> A la pierre noire et à la sanguine rehaussés.

285 *bis*. — Entrée de Marie-Thérèse d'Autriche dans Paris en 1660. La Reine est assise sur un char et un écuyer soutient un parasol sur sa tête. Elle est précédée et suivie par de nombreux courtisans à cheval et en costume de carrousel.

> Grand dessin au crayon noir en forme de frise.

LE CARPENTIER, de Rouen

286. — Paysages. – Marines. Six dessins.

> Aux crayons de couleurs et au lavis de sépia.

LECLÈRC (SÉBASTIEN)

287. — Composition en forme de frise. Au milieu dans un médaillon, Dieu formant l'homme de limon, à droite des personnages en costumes du 17ᵉ siècle, regardant divers ouvrages et attributs des Arts, à gauche, une dame et des Courtisans regardent des meubles et autres produits des Manufactures du Roy.

> A la plume et au lavis d'encre de Chine.—Collection Jousselin.

288. — Veuë de dehors le faulx bourg St-Martin, entre les deux faulx bourgs St-Denis et St-Martin, vers Montmartre. — Autre veuë de la basse-cour du cabaret du Plessis-Piquet). Deux dessins.

> A la plume, lavés d'encre de Chine, signés : *Leclerc f.*

289. — Le Printemps. — L'Eté. — L'Automne. — L'hyver. Quatre dessins.

> A la plume, lavés d'encre de Chine.

290. — Sujets religieux et mythologiques. Six dessins.

> A la plume et au lavis d'encre de Chine.

LECLERC (Sébastien)

291. — Statue de Louis XIV sur la place des Victoires. — Machines hydrauliques. — Console chargée d'instruments d'astronomie. — Costumes militaires. — Le Roi présidant le parlement, etc. Sept dessins

A la plume et au lavis de sépia et d'encre de Chine.

292. — Allégorie de la peinture assise. — Quatre sujets pour l'Iliade d'Homère. — Couronnement d'un jeune roi agenouillé devant un Autel. — Sacrifice de la fille de Jephté. — Paysages et costumes. Dix dessins.

A la sanguine et au lavis d'encre de Chine.

LEFEBVRE (Claude)

293. — Saint Thomas touchant les plaies du Christ. — La Sainte Famille. Deux dessins.

A la sanguine. — Collection Guichardot.

LE GEAI (J.)

294. — Vues de Monuments d'Architecture composées d'après le souvenir des édifices de Rome ; Ste Marie Majeure et le Campo Vaccino. Deux dessins.

A la sanguine, un est signé : *J. Le Geay. invenit et delin.* 1757.

LÉGILLON

295. — Taureau et Brebis dans un paysage.

Très fin dessin au crayon noir et lavis rehaussé de gouache. Signé : *Legillon, 1785.*

LÉLU (Pierre)

296. — Vue d'une porte de Ville prise à Provins. — Intérieur de l'Ecurie d'une auberge à Màcon. - Etudes et sujets religieux. Six dessins.

A la plume et au lavis d'encre de chine.

LE MAY (OLIVIER)

297. — Ruines romaines, au Colisée à Rome. Deux dessins.

A la pierre noire. Signés : *May f. Le Colisée à Rome 1775.*

LEMOINE (EMMANUEL)

298. — Sujet allégorique avec emblèmes des Arts. In-fol.

Belle composition à la pierre noire, lavée de bistre et rehaussée de blanc sur papier gris. Signé : *Emmanuel Lemoine invenit.* — Collection du marquis de Cypière

299. — Un Triomphe. - La déesse Pallas. Deux dessins.

A la pierre noire, rehaussés de blanc sur papier bleu. La peinture du second sujet a été exécutée pour l'hôtel Soubise, au Marais.

300. — Etudes d'amours, de femmes et de chevaux. Sept dessins.

A la pierre noire rehaussés de blanc sur papier bleu.

301. — Paysages. Quatre dessins.

A la pierre noire dont un lavé d'encre de chine.

LEMOYNE (attribué à FR)

302. — Décoration pour plafond. — Sujets religieux et mythologiques. Cinq dessins.

A la pierre noire rehaussés d'encre de chine sur papier bleu.

LENAIN (attribué à)

303. — La famille du peintre.

A la plume, lavé d'encre de Chine

LE PAON (LOUIS)

304 — Cavalier en Védette. — La Consigne à l'avant-poste. Deux dessins.

A la plume, lavés de sépia.

LE PAON (LOUIS)

305 — Dragon. à cheval, galopant vers la droite.

Aquarelle signée à l'encre : *Le Paon.*

LEPICIÉ (BERNARD)

306. — Etudes d'amour et de femme. — Académie d'homme nu. Trois dessins.

A la pierre noire rehaussés de blanc et à la sanguine.

307. — L'Heureuse mère.

A la plume, lavé de sépia.

LE PRINCE (J. B.)

308. — Paysage. Au premier plan duquel s'avance une jeune femme donnant la main à un enfant. — Guerriers romains. Deux dessins.

Au lavis d'encre de Chine et à la sépia. On y a joint un dessin de Bouchardon, ensemble trois pièces.

LÉRAMBERT (attribué à LOUIS)

309. — Animaux d'après des antiques conservés au magasin du Roy au vieux Louvre. Deux dessins.

A la pierre noire, lavés d'encre de Chine et rehaussés de blanc sur papier gris.

LE SUEUR (EUSTACHE)

310. — Sujets religieux et mythologiques. — Etudes de femmes — Académies. Vingt-trois dessins.

Au crayon noir rehaussé.

LETELLIER (P).

311. — La vierge et l'enfant Jésus assis entre St Georges debout à gauche et une Sainte agenouillée.

Capital et précieux dessin à la plume, à la sanguine et à la pierre noire.

LE VIEUX

312. — Sujets religieux. Cinq dessins.

A la plume et au lavis de sépia et d'encre de Chine.

LOIR (NICOLAS)

313. — Le Roy drapé à l'antique est assis sur un char. Composition pour Almanach de l'année 176... — Adam et Eve après le péché. — Sujets religieux. — Allégories. Neuf dessins.

A la plume lavés d'encre de Chine et à la sanguine.

LUC (d'après le FRÈRE)

314. — Cinq pécheurs se partagent les travaux de la salaison de la morue. — Le Baptême sous la ligne. — Costume d'Evêque. Trois dessins.

A la sanguine.

MACHY (P. A. de)

315. — L'Ecurie du Pape Jules II.

A la plume, lavé de bistre. — Collections Damery et Chanlaire.

MALLET

316. — Jeune homme attirant une jeune fille sur un lit dont l'Amour soulève la couverture. — Jeune femme faisant danser son enfant. — Une jeune mère donne un lavement à un enfant. Trois dessins.

Esquisses à la pierre noire.

MANGLARD (ADRIEN)

317. — Etudes de navires. — Marines. — Paysages. Onze dessins.

A la plume, lavés d'encre de Chine et à la sanguine.

MARIETTE (CL. AUG. et P. J.)

318. — Académie d'homme assis. — Vue du Ponte-Rotto à Rome. — Paysage dans le goût des Carraches. Trois dessins.

> A la sanguine, à la pierre noire et à la plume. — Collections Mariette et Andréossy.

MAROT (DANIEL)

319. — Un bassin dont le centre est décoré d'un groupe composé d'une source élevant une couronne de laquelle l'eau s'élève en trois jets et d'un enfant qui souffle l'eau par une conque. Autour du bassin hanté par cinq promeneurs une colonnade à pavillons. Dans la perspective du fond, les quinconces d'un parc magnifique.

> Très beau dessin à la plume et à l'aquarelle, signé : *Daniel Marot fecit.*

320. — Vue perspective d'un jardin se terminant au fond par un long bassin aboutissant à un pavillon.

> A la plume et à l'aquarelle, signé : *D. Marot fecit.*

MAROT (FRANÇOIS)

321. — Bacchus exprimant le jus d'une grappe dans une coupe que tient Vénus. A leurs pieds, deux Amours avec un lion.

> A la pierre noire, lavé de sépia et rehaussé de gouache. — Collection Paignon-Dijonval.

MAROT (Époque de JEAN)

322. — Une colonnade décorée de statues, au second plan un palais flanqué de massifs d'arbres.

> A la plume et à l'aquarelle.

MARTEL ANGE (Frère ETIENNE), jésuite

323. — Projet d'un monument funéraire surmonté des Armoiries de Roger de Saint-Lary, duc de Bellegarde, compagnon de Henry IV.

> A la plume et au lavis de sépia sur fond bleu.

MARTIN (J.-B.)

324. — Une bataille, sur le premier plan à gauche marche d'un groupe d'officiers suivi de trompettes et de timballiers.

Beau dessin à la plume, lavé d'encre de Chine.

MASRELIER (LOUIS)

325. — Martyre d'un Saint attaché à une colonne, groupe de soldats payens qui lui lancent des flèches.

Belle étude à la mine de plomb et à la plume, rehaussée de sanguine.

MELI (FR.). MELLIN

326. — Paysages. — Bataille. — Une matrone romaine. Quatre dessins.

A la plume et au crayon noir rehaussés.

MELLAN (attribué à CLAUDE)

327. — Portrait d'un cardinal.

Au crayon noir et à la plume, lavé de bistre.

MÈNAGEOT

328. — Des jeunes filles portent des présents à un autel pour le sacrifice.

A la plume, rehaussé de gouache. Signé : *Ménageot, 1767.*

METTAY

329. — Trois amours jouant avec des moutons. — Académies. — Têtes de chevaux. Quatre dessins.

A la pierre noire, rehaussés de blanc et de sanguine.

MEULEN (ANT. FR. VAN DER)

330. — Une dame de la cour à cheval et suivant une chasse. — Groupe de cinq cavaliers sur le devant d'un paysage. Deux dessins.

> A la pierre noire et à la sanguine, le second est signé : *Van der Meulen fecit.*

331. — Un général à cheval donne des ordres à un officier à pied. Deux autres officiers à cheval et tête nue attendent des ordres.

> A la sanguine. Signé: *Van der Meulen.* — Collection Crozat.

332. — Vue de Paris, prise des Gobelins.

> Très grand dessin en largeur, à la plume et à l'aquarelle.

333. — Chasteau de la ville de Dinant. — Saint Martin, la grande Eglise de Courtray. — Veuë d'une partie de la ville de Douay. — Veuë de Valenciennes du côté de la porte de Nostre-Dame. — Paysage. Cinq dessins.

> A l'aquarelle.

334. — Etude d'un port de ville flamande détruit par l'artillerie. — Vue d'un parc. — Vue d'un grand château de l'époque gothique. Trois dessins.

> A la mine de plomb et à l'aquarelle.

MEULEN (Attribué à ANT. FR. VAN DER)

335. — Le Passage du Rhin. Au premier plan, Louis XIV donnant des ordres à ses généraux.

> Important dessin à la plume, lavé de sépia, et rehaussé d'aquarelle, a servi pour la gravure.

336. — Costume de Ballet. La Duègne. — Le Mariage de Louis XIV et de Marie-Thérèse, modèle de tapisserie. — Paysages. Six dessins.

> A la sanguine et à la plume, lavés de sépia et d'encre de Chine.

MEULEN (Epoque de VAN DER)

337. — Vue cavalière de Castelnaudary et de ses environs avec le plan de la bataille indiqué par des marches de troupes et des croquis de bataille.

> Grand croquis à la pierre noire, rehaussé de blanc, avec en haut cette légende: *Castelnaudary ou fut pris M. de Montmorency en 1682.*

MEYER

338. — Paysage. Au premier plan à gauche quatre baigneuses et des vaches et moutons.

> Beau dessin au crayon et au pinceau, lavé de bistre.

MICHEL, de Toulon

339. — Paysages. — Etudes de dindons. Cinq dessins.

> A la pierre noire et à l'aquarelle.

MIGNARD (NIC.)

340. — Le Cardinal Mazarin assis sous un dais et entouré des principaux personnages de l'Etat. — Etudes pour portraits. — Sujets religieux. — Allégories. Dix dessins.

> A la sanguine, à la pierre noire et à la plume, lavés d'encre de Chine.

MIGNARD (attribué à P.), d'Avignon

341. — Vue du Pont du Gard.

> A la plume, lavé d'encre de Chine.

342. — Projet de plafond.

> Très beau dessin au crayon noir.

MILLET (Attribué à FRANCISQUE)

343. — Vue de Munster en Lorraine.

> Au crayon noir et à la sanguine sur papier gris.

MINIATURES

344. — Combat de David et de Goliath, par un maître inconnu du XVe siècle. Epoque de Charles VIII.

> Miniature sur parchemin. — Collection Ach. Devéria. Encadrée.

MINIATURES

345. — Portrait de la Vénérable Mère Angélique Arnauld, religieuse de Port-Royal.

> Très fine miniature sur parchemin, entourée de motifs et d'arabesques dans un beau cadre octogone en bois sculpté. Au verso on lit : *Jaques Legendre a fait ce presant ouvrage à Angers, an 1674.*

346. — Portrait de Louis François, comte de la Vallière, 2e fils de M. le Duc de la Vallière et de Marie Thérèse de Noailles, décédé le dernier Avril **1731**, âgé de **21** ans. Il est représenté âgé de **3** à **5** ans en petit Saint Jean, caressant son mouton, il n'a d'autre vêtement qu'une guirlande de fleurs et une draperie bleue. Il est assis sur le devant d'un agréable paysage.

> Miniature sur parchemin.

MOITTE (A.) et Mme

347. — Un général traverse au galop un champ de bataille.— Frontispice allégorique.— Etudes de femmes. Cinq dessins.

> A la plume et à la pierre noire rehaussé de blanc.

MOL (Attribué à VAN)

348. — Projet de tableau pour l'hôtel de ville de Paris. Trois échevins sont agenouillés de chaque côté de la composition. — Le reniement de Saint-Pierre. Deux dessins.

> A la plume et au lavis.

MONNET (CHARLES)

349. — Allégorie sur la réouverture des églises par le premier Consul, gr. in-fol.

> A la plume et au lavis d'encre de Chine. A été gravé par Dorger et Morret.

350. — Mars et Minerve prêtant serment sur l'autel de la Justice avec encadrement orné de faisceaux et d'amours pour un Diplôme.

> A la plume lavé de sépia.

351. — Un hussard assis présente son sabre à une jeune femme qu'accompagne une amie.

> A la plume. Cette composition rappelle une scène des contes de La Fontaine " La fiancée du roi de Garbe ".Edition Didot, 1795.

MONTAGNY (E. H.)

352. — Paysage avec ruines et personnages.

Belle aquarelle. Signée : *E. H. Montagny f. Roma.*

NANTEUIL (ROBERT)

353. — Projet de frontispice pour une thèse de Théologie surmonté du portrait du roy Louis XIV.

A la plume et au lavis d'encre de Chine signé : *Rob. Nanteuil.*

354. — Portrait d'homme en médaillon.

Aux crayons de couleurs.

355. — Portrait d'homme.

A la pierre noire. — Collections J. Dupan et Ch. Giraud.

NANTEUIL (Epoque de ROB.)

356. — Portrait d'un jeune homme vu de trois quarts et tourné vers la gauche. Figure de grandeur naturelle.

Beau dessin aux crayons de couleurs.

357. — Portraits d'hommes. Deux dessins.

A la pierre noire.

NATOIRE (CH.)

358. — Saint André élevé en croix d'après les fameuses compositions de Calebresa. Deux dessins.

Importants dessins à la plume lavés d'aquarelle.

359. — Apollon poursuivant une nymphe. — Statue dans une
niche auprès d'un escalier dans le jardin de la villa Justi-
niani. — Portrait à mi-corps d'une jeune femme. Trois
dessins.

A la pierre noire rehaussé de blanc et à la plume lavés de
sépia.

NATTIER (J. M)

360. — Etude académique de femme nue et assise. — Etude de torse et du bras d'une femme. Deux dessins.

> A la pierre noire rehaussé de blanc sur papier gris.

361. — Figure de femme en prières, tournée de profil vers la droite.

> Aux crayons noir et blanc sur papier gris. — Collection Aussant.

NICOLLE

362. — Perspective grandiose et jeux de voûtes d'un monument antique. -- Vue des Tuileries prise du quai Voltaire. — Escalier dans une bourgade romaine. Trois dessins.

> A la plume et au lavis de sépia et d'aquarelle.

NIVELON (A. BAPT.)

363. — Angélique et Médor.

> Miniature sur parchemin. Signée : *Nivelon f.*

NORBLIN (le Père)

364. -- Gros four en ruines. -- Joueurs de cartes et lanterne magique. -- Une jeune femme remplit une cruche à une fontaine. — Mort de Turenne. Cinq dessins.

> A la plume et au lavis d'encre de Chine. — Collection Guichardot.

NORRY

365. — Vue du Xistos restauré des Thermes de Dioclétien à Rome, servant aujourd'hui d'église aux Chartreux. — Vue dessinée à Montcassin, 1783. Deux dessins.

> A la plume, lavés de bistre et d'encre de Chine.

NYERT (Al. D. de)

366. — Pastorale antique. — Grandes rondes de bacchants et
de bacchantes. — Jeune fille assise et lisant (pierre gravée).
Trois dessins.

  A la sanguine. — Collection Mariette.

ORNEMENTS

367. — Quatre dessins par Errard, Van Cléve et Toro.

368. — Treize dessins par ou attribués à : Barbey de Jouy, Baudrin, Benoist, Bérain, Bibiéna, Chastel, C. Cochet et
Rob. de Cotte.

369. — Sept dessins par ou attribués à Clérisseau, Lepautre,
Germain, Meissonier et Delaroze.

370 — Douze dessins par ou attribués à Et. Delaune, Gauthier,
Jouvenet, Lamare, Lavallée-Poussin et Lecointe.

371. — Quatorze dessins par P. Leduc.

372. — Dix-huit dessins par Lepautre, D. Marot, Meusnier,
Mondon le fils, J.-B. Monnoyer, Montagny et Oppenord.

373. — Seize dessins par ou attribués à B. Palissy, Pellegrin,
Percier, P. Quesnel, De Riolle, H. Robert. Serrurier,
Thierry, L. Tissier, Mme Valayer-Coster et Van Daël.

374. — Quinze dessins de Maîtres inconnus des XVII et XVIIIe
siècles, de l'Ecole de Rouen, etc.

OUDRY (J. B.), DESPORTES

375. — Intérieur d'un tripot. — Etude de lévrier. - Chien et
canard. Trois dessins.

  A la plume, au crayon noir et à la sanguine.

OZANNE

376. — Vue de la Ville et des rades de Toulon du côté de l'Est.

  A la plume, lavé d'encre de Chine.

OZANNE

377. — Marines. — Paysage. — Etudes de femmes. — Quatre dessins.

> Au crayon noir et au lavis de sépia et d'encre de Chine.

PAJOU (AUG.)

378. — Consulassis sur sa chaise curule et donnant des ordres. Apollon et Cérès. — Lycurgue blessé dans une sédition. — Les trois grâces supportant une vasque.

> A la plume et au lavis de sépia. le 4e dessin est par Delarue.

PARIZEAU (PH.)

379. — Vue des tours en ruines d'un vieux château. — Intérieur d'une maison de village. — Paysages, etc. Cinq dessins.

> A la plume et au lavis de sépia et d'aquarelle.

PARROCEL (CHARLÆS)

380. — Danse de village.

> A la sanguine et au lavis d'encre de Chine. Signé : *C. Parocel f.* — Collection Lempereur.

381. — Etudes de cheval et de cavaliers. — Sujets religieux. — Batailles, etc. Onze dessins.

> Aux crayons de couleurs, à la sanguine et à la plume lavés d'encre de Chine.

PARROCEL (JOSEPH)

382. — Femme debout appuyée sur une bêche. — L'Annonciation. — L'Amour reçoit les hommages des Dieux. — Paysages. Six dessins.

> A la pierre noire, à la sanguine et à la plume. lavé d'encre de chine.

PARROCEL (ET. et PIERRE)

383. — Réunion de cinq femmes autour d'une table. — Le Christ insulté par les soldats. — L'Immaculée Conception. — Sujet religieux. Quatre dessins.

A la pierre noire rehaussés, et à la plume lavés d'encre de Chine.

PATEL (le père)

384. — Paysage avec ruines.

Gouache, encadrée.

385. — Paysages. Quatre dessins.

Au crayon noir rehaussés de blanc, dont un au pastel.

PAU DE St MARTIN (ALEX.), de Mortagne.

386. — Grand paysage traversé par un pont au pied duquel travaillent des lavandières.

A la sépia. Signé : *A. P. St Martin 1790.*

387. — Paysage avec chaumière.

A la pierre noire. Signé : *St Martin.*

PÉCHEUX (L.), de Lyon

388. — Assemblée des Dieux. — La Salutation Angélique. — Présentation de l'Enfant Jésus au temple. Trois dessins.

A la plume, lavés d'encre de Chine.

PERELLE (G.)

389. — Seigneurs à cheval, poursuivant un cerf.

Important dessin à la plume.

390. — Paysage.

A la plume.

PERELLE (G.)

391. — Paysage. — Chasse au cerf. — Château fortifié. Trois dessins.

A la plume, un est signé à l'encre.

PERIGNON (N.)

392. — 5me Vue et perspective du Château d'Angervillier, prise en face de la basse-cour.

Gouache, signée. — Collection Jousselin.

393. — Le Temple de la Sybille à Tivoli. — Paysage italien. Deux dessins.

Aquarelles, une est signée : N. P. 1779 — Collection Gasc.

PERRIER (FRANÇOIS)

394. — Combat de femmes et de Dieux marins, compositions pour bas-reliefs. — Martyre d'une Sainte. — Croquis mythologiques. Quatorze dessins.

A la plume et au lavis d'indigo.

PERSEVAL, de Reims.

395. — L'Assomption de la Vierge. — Combat de cavaliers. — Etudes de têtes d'hommes et de femmes, etc.

A la sanguine et une esquisse peinte.

PESNE (ANT.)

396. — Suzanne surprise par les deux vieillards. — La robe de Joseph rapportée par ses frères. — Tobie guérit son père aveugle. — Bethsabée sortant du bain. Quatre dessins.

Au crayon noir dont deux rehaussés de blanc sur papier gris.

PETERS (DE)

397. — Portrait de jeune garçon assis, vu de profil et tourné vers la droite.

A la sanguine.

PEYRE

398. — Projet de monument équestre à Henri IV. Trois dessins.

A la plume lavés d'encre de Chine.

PEYRON (J. FR. P.) PEYRE

399. — Agar conduite dans le désert par un ange. — Un Roi fait saisir et garroter un vieillard. — Homme mourant étendu sur un lit. — Pont rappelant celui de la Concorde. Quatre dessins.

A la plume, lavés d'encre de chine et à l'aquarelle

PICART (BERNARD)

400. — Une foule nombreuse d'hommes et de femmes vêtus à l'antique assistent des terrasses et des fenêtres d'un palais à la pendaison d'un homme.

Dessin très poussé, à la plume, lavé d'encre de Chine. Signé : *Designé par B. Picart*. — Collection Chanlaire.

PICART (attribué à B.)

401. — Ecole d'enfants en Turquie, composition pour éventail.

A la plume, lavé d'encre de Chine, (manque un coin).

PIERRE (J.-B.)

402. — Reine agenouillée, allégorie de forme cintrée. — Pastorale galante. Deux dessins.

A la pierre noire et à la sanguine. — Collection Aussant.

403. — Jeune ouvrière assise et travaillant. — Groupe de soudards couchés auprès d'une tente. — Sujet tiré de l'Enéide de Virgile. Trois dessins.

A la sanguine et à la plume lavé de sépia.

PILLEMENT

404. — Paysages. — Ruines. — Marines. Cinq dessins.

A la pierre noire.

PLATTEMONTAGNE (NIC. de)

405. — Portrait de Françoise de Champaigne. — Portrait de Pierre Hurel. — Portrait de François Beaudin, 1663. — Etudes de portraits. Cinq dessins.

> Aux crayons de couleurs.

406. — Vue panoramique de la ville de Rouen. — Le pont de Vernon-sur-Seine, 1654. — Vue d'une abbaye. — Vue panoramique des environs de Vincennes. — Paysages. Cinq dessins.

> Au crayon noir et au lavis d'encre de Chine.

407. — Etudes de figures et de mains. — Sujets religieux. Sept dessins

> A la sanguine et à la pierre noire, rehaussés.

PORBUS

408. — Un Roi agenouillé sur un coussin et tenant un chapelet de la main droite. Divers seigneurs agenouillés à droite et à gauche de la composition adorent la Vierge assise dans une gloire sur des nuages supportés par des anges.

> A la plume et au crayon, lavé de bistre, rehaussé de blanc et mis au carreau. — Collections Ruttxiel, Général Griois, Guichardot.

PORBUS (Attribué à)

409. — Tête de femme vue de face.

> Beau dessin aux crayons de couleurs.

410. — Portrait de femme debout en costume de Cour.

> A la pierre noire, rehaussé de blanc sur papier gris.

PORTAIL

411. — Coche de cérémonie suspendu et traîné par un seul cheval dans l'allée d'un parc.

> A la pierre noire.

PORTAIL

412. — Un charriot attelé de trois chevaux. — Portail d'entrée
d'une cour de ferme. — Etude d'une façade de palais. —
Maçons travaillant avec des échafaudages, etc. Cinq
dessins.

A la pierre noire avec quelques rehauts de sanguine.

POUSSIN (NICOLAS)

413. — Tête de Minerve d'après l'antique. — Tête de femme
de profil. Deux dessins.

A la plume, un est de la collection Gase, l'autre avec une
marque inconnue.

414. — Deux hommes causant ensemble, fond d'architecture.
— Groupe de deux figures d'hommes. Deux dessins enca-
drés.

A la plume lavés de bistre. — Collection Fréd. Villot.

415. — Scènes bibliques. — Sujets religieux. Cinq dessins.

A la plume et au lavis d'encre de Chine.

416. — Paysages. — Ruines. Sept dessins.

A la plume.

417. — Etudes d'hommes et d'animaux. — Sujets d'histoire,
etc. Neuf dessins.

A la plume et au lavis d'encre de Chine.

418. — Sujets mythologiques. Treize dessins.

A la plume.

POUSSIN (Ecole de Nic.)

419. — Portrait de Nicolas Poussin. — Venus et Adonis. —
Paysage. Trois dessins.

A la pierre noire rehaussé de sanguine et à la plume lavés
d'encre de Chine.

PREUDHOMME (J.)

420. — Petit Berger assis dans un paysage. — Trois vieilles femmes descendent un chemin escarpé. Deux dessins.

A la sanguine signés et datés de 1800 et de l'an 9e.

PRÉVOST (JAC.), de Gray.

421. — Alllégorie : Ainsi va le monde. — Le Christ insulté par les soldats. Deux dessins.

A la plume, signés.

PRÉVOST (J. L.)

422. — Fleurs. Sept dessins.
Gouaches, signées.

PRIEUR

423. — Ouverture de l'Assemblée des notables à Versailles en 1788.

Très beau dessin à la plume et au lavis d'encre de Chine.

PUGET (PIERRE), de Marseille

424. — Deux vaisseaux à l'ancre à droite. A gauche, une galère abordant auprès d'un palais antique surmonté de jardins.

Dessin très terminé à la plume sur vélin. Signé à l'encre. *P. Puget*, inventor.

425. — Un port dont la droite est remplie par trois grands vaisseaux. A gauche, Arc de triomphe et Obélisque.

Dessin très terminé, à la plume sur vélin — Collection Ch. Giraud.

426. — Deux vaisseaux de haut bord en pleine mer.

Dessin très terminé à la plume sur vélin.

427. — Vue de la Ville de Toulon, de ses murs, de sa rade et de ses environs.

Dessin très fini à la plume, lavé d'encre de Chine. Sur vélin.

PUGET (PIERRE) de Marseille

428. — Magnifique galère abordant auprès d'un quai. Sur le devant, à gauche, un portefaix.

> Très beau dessin à la plume sur vélin. — Collection Ch. Giraud.

429. — Trois gros vaisseaux et une galère manœuvrant dans une rade.

> Dessin à la plume très poussé, sur vélin. — Collection Maurel.

430. — Vue du port et de la rade de Toulon. — Vue d'une rade entourée de montagnes. Deux dessins.

> A la plume. — Collection Andréossy.

431. — Poupe du vaisseau " le Rubis ".
> Très beau dessin à la plume signé : *Pre Puget n° 10.*

432. — Dessin de la lanterne d'une Galère.

> A la plume, lavé d'encre de Chine, sur vélin. — Vente Maurel.

433. — Tête d'homme.

> Très belle étude à la plume, signée à l'encre : *P. Puget.* Collection du Dr Pons (d'Aix).

PUGET (Attribué à PIERRE)

434. — La Sainte Famille.— Modèle de gaines. Trois dessins.

> A la plume et au lavis d'encre de Chine — Collection Guichardot. On a joint à ce lot 4 dessins de Abel de Pujol. Sujets de saints. Ensemble sept dessins.

QUESNEL (FR.)

435. — La naissance, le Baptème et l'éducation d'un jeune prince. Composition distribuée en trois compartiments divisés par des colonnes.

> A la plume, lavé d'indigo, signé à l'encre *F. Quesnel.* — Collection His de la Salle.

RABEL (Par et attribué à)

436. — Portraits de St-Mathieu et de St-Luc. — Trois femmes secourant une malade. — Apollon est assis à table à l'ombre d'une grotte. Quatre dessins.

A la plume, lavés de bistre.

RAOUX

437. — Bas-relief composé de trois amours.

Beau dessin à la pierre noire, rehaussé de blanc, sur papier gris.

REGNAULT (Le Baron J. B)

438. — Achille tuant Priam au pied de l'Autel de Jupiter.

A la plume lavé d'encre de Chine et rehaussé de blanc au pinceau. — Dessin pour le tableau qui decore aujourd'hui le Musée d'Amiens.

RENARD (A)

439. — Paysage dans le goût de Hubert Robert.

Sanguine : *A Palazol Vicino d'Albanio, in Roma 1777. A. Renard.* — Collection Aussant.

RESTOUT (J.)

440. — La présentation au Temple. — Saint-Vincent de Paul assis dans une galère et prêchant. — Scène antique. — Etudes de têtes et de mains, etc. Six dessins.

A la pierre noire réhaussés de blanc sur papier gris.

441. — Sujets religieux.—Etudes de têtes.—Académies.Douze dessins.

A la pierre noire réhaussés de blanc sur papier bleu.

RESTOUT fils (J.-B.) **ROETTIERS**

442. — Saint-Louis combattant les infidèles. — Sacrifice de jeunes victimes. — Académies. Quatre dessins.

A la plume et aux crayons de couleurs.

RIGAUD (HYACINTHE)

443. — Portrait d'homme à mi-corps, tourné vers la droite et regardant de trois quarts.

Très légère esquisse peinte sur papier. Signée : *H. Rigaud*, 1698.

RIGAUD (attribué à HYAC.)

444. — Portrait d'un jeune évêque assis, la main gauche sur sa poitrine, de la droite, il tient un livre posé sur son genou.

Important dessin au crayon noir, réhaussé de blanc sur papier gris reproduisant avec quelques variantes le portrait de *Robert Secousse*.

445. — Portrait d'homme avec perruque et grand rabat.

Au crayon noir réhaussé de gouache sur papier bleu.

RIVALZ (ANT.)

446. — Des Génies descendent du Ciel deux berceaux d'enfants de France que Junon confie à Minerve.

Aux crayons noir et blanc sur papier gris.

447. — La Visitation, deux compositions différentes. — Sujet religieux. Trois dessins.

A la pierre noire, rehaussés de blanc, sur papier gris.

ROBERT (HUBERT)

448. — Tombeau antique et à demi ruiné supporté par deux génies ailés formant console.

Plume et lavis d'encre de Chine, rehaussé d'aquarelle. Signé. — Collection Chanlaire.

449. — Quatre vieillards, vêtus à l'antique, debout sur des ruines, viennent de faire lever une pierre.

Au crayon noir. Signé : *H. Roberti*, 1786.

ROBIN (attribué à)

450. — Portrait de M. Trudon, 4e échevin.

A la pierre noire, rehaussé de craie, sur papier gris.

ROETTIERS (C. M.)

451. — Jeune homme vêtu à l'antique et lisant un livre de géométrie. — Vignette pour illustration. Trois dessins.

> A la sanguine et au lavis d'encre de Chine. Le 3ᵉ est de Jouvenet.

ROMANELLI (FR.)

452. — La Puissance et la Paix. — La Prudence et la Vérité. — Deux projets de décoration.

> Aquarelles. — Collections Fleury, Hérard et Ch. Giraud.

ROQUES (le Père), de Toulouse

453. — La Visitation.

> A la pierre noire, lavé de bistre et rehaussé de blanc, sur papier gris. Dessin mis au carreau pour un tableau de maître-autel.

454. — Des hommes apportent et ouvrent des sacs pleins de butin.

> Au crayon noir, rehaussé de blanc, sur papier ardoise.

ROSSO (DEL)

455. — Sujet tiré de la Bible. Un grand prêtre devant un autel, où brûle un sacrifice, montre à une grande multitude d'hommes, de femmes et d'enfants, la tête et le bras d'un supplicié suspendus à un arbre.

> A la plume lavé de bistre, signé *Rosso, 1530.* — Collections Wertimber, et Thibaudeau.

456. — L'Adoration des Mages. — Décoration d'une chapelle. Deux dessins.

> A la plume et au lavis. — Collections Vasari et Destailleurs.

ROUSSELET

457. — Saint Ignace assis au premier plan et appuyé sur le livre de l'Institut de son ordre, montre de la main gauche ses armes de soldat portées par trois Anges sur des nuages.

> A la plume lavé d'encre de Chine.

ROZIER (A.)

458. — Vue d'un palais au coin d'une place. — Une villa italienne et ses jardins. — Vue d'un port. Trois dessins
en médaillon.

A la plume et au lavis d'encre de Chine. Signés.

RUBENS (P. P.)

459. — Figure de mère désolée, agenouillée à terre,et les bras
et la tête criant vers le ciel.

Beau croquis à la plume et à la sanguine. — Collections
Mariette et Ch. Giraud.

SABLET (JACOB)

460. — Scènes familiales.— Etudes de portraits de femmes.—
Paysages. — Ruines, etc. Vingt-trois dessins.

A la sanguine, à la pierre noire et au lavis de bistre.

SAINT-AUBIN (GABRIEL DE)

461. — Une jeune femme, montée sur une table et s'apprêtant
à accrocher un rideau, remet son enfant entre les bras
d'une jeune fille.

A la sanguine. — Collection Dauzats.

462. — Sujets de l'histoire de Romulus. Deux dessins.

A la plume et au lavis, un est rehaussé d'aquarelle.

SAMBIN (HUGUES) et son école

463. — Etudes de Termes. Sept dessins.

A la pierre noire et à la plume lavés d'encre de Chine.

SARRAZIN

464. — Paysages. — Motifs d'Architecture. — Sujets mythologiques. Huit dessins.

A la mine de plomb, à la plume et à l'aquarelle.

SARREBAT (DANIEL)

465 — Mars couché sur un lion. — Le sacrifice d'Iphigénie. Deux dessins.

A la plume, lavés de bistre.

SAUVAN d'Avignon

466. — L'Immaculée Conception.

Charmant dessin à la plume, lavé d'encre de Chine et de bistre. — Collection Maurel.

SCHUPPEN (JACQUES VAN)

467. — Académies de femmes nues. Trois dessins.

Aux crayons de couleurs, réhaussés de pastel sur papier bleu.

SEVIN (PAUL)

468. — Dessein du Convoy du corps de la Reyne Marie-Thérèse depuis Versailles à Saint-Denys. Dessiné sur le lieu, par Sevin, l'an 166 ... Au mois d'Aoust.

A la plume et au lavis d'encre de Chine. Dans la marge inférieure du dessin, les divers groupes du cortége sont indiqués en regard de lettres répétées également sur le dessin.

469. — Le festin que Clément IX, fit à la Reyne de Suède à Monte-Cavallo, l'an 1667.

A la plume, réhaussé d'aquarelle.

470. — Dessin pour la 2ᵉ planche de la Thèse soutenue par le Prince de Turenne au Collége de Clermont en 1679. — Dessin de la fin du livre des médailles du cabinet du Roy. — Feuille d'études de pieds et de mains. — Titre de Thèse. Louis XIV assis sur son trône. — Mausolée du Pape Alexandre VII. — Le Dauphin entouré de son précepteur M. de Montausier et de Bossuet, est présenté au Roi et à la reine. Six dessins.

A la plume, lavés d'encre de Chine, et à la sanguine. Signés et datés.

471. — Feste de Course d'enfants, d'hommes, de chevaux, etc., pour gagner le Pallium le 1ᵉʳ mars 1666. — Le Mont Hetna jettant des dragées sur le peuple. — Festin

du Jeudi Saint au Vatican. — Festin fait à Frascati dans le palais de la princesse Rozana. — Le magnifique festin que fit le pape Clément IX au Chevallier Lubomirsky, 1668. — La grande procession générale de tous les ordres religieux qui sont à Rome. — Comment sont vêtus les douze prêtres pélerins. — Feste de Saint-Roch à Rome. — Carrousel fait à la place St-Marc à Rome pour l'arrivée de la Reyne de Suède. — La chasse de tous les Princes de Rome. — Mascarade de la princesse Colonne en Circé. — Les Princes Costaguti. — Mascarade du Prince Cambouniano. — Festin de la Semaine Sainte — Procession à Venise. — Audience des ambassadeurs du Siam. Dix-huit dessins.

A la plume, lavés d'encre de Chine et réhaussés d'aquarelle. La plupart signés et datés de 1666 à 1688

SILVESTRE (ISRAEL)

472. — Vue du Palais de Versailles, prise derrière les écuries, vers 1685 (avant la Chapelle). — La Porte de la citadelle de Nancy. — Vue du château de Saint-Germain. Trois dessins.

A la mine de plomb, dont un lavé de sépia.

SILVESTRE (Les)

473. — Vue de Marseille. — Vue de la ville et du château de Beaucaire. — Vue de la cour d'entrée, des écuries et d'une partie des jardins du château de Richelieu. — Etudes d'architecture d'après un château du temps de la renaissance. — Costumes. — Paysages. — Sujets variés. Dix-huit dessins.

A la plume et à la sanguine.

SLODTZ (M. A.)

474. — Apollon — Etude de soldat sur un rocher. Deux dessins.

Vigoureuses compositions à la sanguine. Signées : *M. A. Slodtz.*

SPIERRE (CLAUDE)

475. — Le martyre de Saint Pierre. — Louis XIV assis devant sa tente. - Des ouvriers travaillent à la construction d'une

ville. — Tullie faisant passer son char sur le corps de son père. Quatre dessins.

> A la plume et au lavis de sépia et d'encre de chine. Deux de la collection Guichardot.

STELLA (JACQUES)

476. - Un buveur. — Jeux d'enfants. — Sujets religieux. Dix dessins.

> A la plume, à la pierre noire et au lavis de sépia et d'encre de chine.

SUBLEYRAS (PIERRE)

477. — Un sacrifice.

> Très belle étude à la pierre noire, rehaussée de blanc sur papier bleu. — Collection Destailleurs.

SUVÉE

478. — Paysages en ruines. — Etude de femme à mi-corps. — Le Christ parmi les docteurs. — Une femme vient de mettre au monde un enfant. Cinq dessins.

> A la plume et à la pierre noire rehaussés de blanc et de sépia. — Collections Guichardot, Allongé et autres.

TAILLASSON (J. J.) de Blaye.

479. — Jeune femme debout et invoquant la statue de l'Amour, elle est soutenue par une amie agenouillée sur les degrés de l'autel.

> Au crayon noir, rehaussé de blanc sur papier gris

TARAVAL

480. — Allégorie. — Capucin à genoux. Deux dessins.

> A la plume, lavé d'encre de chine et à la sanguine.

THÉOLON

481. — Une jeune servante assise dans un galetas donne à manger à de petits oiseaux dont elle tient le nid dans sa main.

> Esquisse peinte. — Collection Denon.

THIERRY (LÉONARD)

482. — Projet de cinq pièces d'orfèvrerie, aiguières et coupes.

A la plume lavé d'aquarelle signé : *Léonard Thierry.* — Collection Aussant.

TOMBE (DE LA), amateur

483. — Projet d'adresse pour un coiffeur.

Charmante composition à la plume lavée d'encre de chine.

TORTEBAT (FR.)

484. — Vénus et les Grâces — La Force et la Victoire. Deux dessins.

A la pierre noire.

TOUZÉ

485. — Saint Martin donne à un pauvre la moitié de son manteau. — Saint Louis en costume royal, agenouillé devant un autel. — Etudes de mains et de têtes. — Sujets religieux. Huit dessins.

A la pierre noire et à la sanguine réhaussés de blanc, et à la plume lavés d'encre de Chine.

TRÉMOLIÈRES (Par ou attribué à)

486. — Sancho Pansa assis à table et servi par des valets. — Repos de la Sainte famille. — Sujets religieux et mythologiques. Cinq dessins.

A la pierre noire et à la sanguine, rehaussés.

TROY (FRANÇOIS DE)

487. — Le Prévôt des marchands suivi des échevins sort de la grande porte de l'Hôtel de Ville. Au-dessus du groupe principal, Mercure vole dans les airs, au fond, on aperçoit les tours de Notre-Dame.

A la pierre noire lavé de bistre et rehaussé de blanc sur papier bleu. Etude pour un grand tableau d'apparat destiné à l'Hôtel de Ville de Paris.

TROY (FR. DE) par ou attribué à

488. — Magistrats à genoûx devant un autel. — Etude de magistrat agenouillé. — La Reine Marie Leckzinska appelant les prières de deux saints de l'ordre des Jésuites sur les Armoiries de France et de Lorraine. — Un homme en costume Louis XIII visite des malades. — Etude pour l'Evanouissement d'Esther. — Groupe de quatre magistrats debout. Six dessins.

A la pierre noire et à la sanguine rehaussés.

TROY (JEAN DE).

489. — La Peinture et la Poésie.

A la sanguine, lavé d'encre de chine et mis au carreau pour le tableau qui se trouve au musée Atger à l'Ecole de médecine de Montpellier.

TROY (Ecole de J. DE)

490. — Fête pastorale, danse à la porte d'un Palais.

Belle composition au crayon noir, lavée de sépia.

UBELESKY (ALEXANDRE)

491. — Un pape assis sur son trône sous le portique d'un Palais. — Un vieillard soutenu par un jeune homme. Deux dessins.

A la pierre noire, rehaussés de blanc sur papier gris.

VAILLANT (WALÉRANT)

492. — Portrait d'homme avec fraise. — Portrait de jeune fille à grand collet plat. Deux dessins.

Aux crayons noir et blanc sur papier gris — Collection Maurel de Marseille.

VAN LOO (CARLE)

493. — Etude de femme assise et drapée. — Repos de la Vierge. — L'Amour nu, debout, s'apprête à lancer une flèche. — Sujets militaires. Cinq dessins.

A la pierre noire et à la sanguine.

VANLOO (J. CÉSAR)

494. — Souvenirs de Tivoli. En haut à gauche les Aqueducs
de la villa de Mécène. Au premier plan un pont de bois
sur le torrent.

> Au lavis de bistre. Signé : *César Vanloo f. R. 1782.*

VAN THULDEN (attribué à)

495. — Le Triomphe de Henri IV.

> Esquisse peinte. — Collection et vente Gasc.

VASSÉ (LOUIS)

496. — Projet de monument funéraire avec deux figures
groupées auprès d'une urne et au-dessous de la console
qui les porte, un médaillon de jeune fille avec inscription.

> A la sanguine. Signé : *Louis Vassé sculpteur du Roy Louis
> XV.*

VASSÉ. — VIEN (J.)

497. — Sujet pour illustration. — Des jeunes filles antiques
viennent puiser de l'eau à une fontaine. — Deux hommes
sonnant de la trompe. — Sujets mythologiques. Cinq
dessins.

> A la plume et au lavis de sépia.

VAUTRON (N.)

498. — La femme adultère.

> Beau dessin dans le goût de Rembrandt, au pinceau et à
> la plume lavé de bistre. Signé : *N. Vautron fecit 1644.*

VERDELIN (La Mise de)

499. — Portrait de Jean-Jacques Rousseau de profil et coiffé
d'un bonnet de fourrure.

> Au crayon noir rehaussé d'aquarelle. Sur la même
> feuille : Le portrait de Mlle de Lomenie de profil et en
> costume d'homme par Mr le Cher de Boufflers, à la mine de
> plomb. Deux dessins.

VERDIER

500. — Sujets religieux et mythologiques. Seize dessins.
A la pierre noire et à la sanguine lavés de bistre.

VERDUSSEN

501. — Rendez-vous de chasse sur la lisière d'une forêt.
A la mine de plomb. — Collection. J. Dupan. Vente Guichardot.

502. — Feste des mareschaux de Marseille 1757. Cavalcade sur les promenades publiques. — Rencontre de deux charrettes. — Marine. Trois dessins.
A la pierre noire et à la plume, le 3e est de J. Vernet.

VERMANSAL

503. — Etude de figure et de draperie. — Sujets religieux. Quatre dessins.
A la pierre noire et au lavis d'encre de chine.

VERMONT (COLLIN de).

504. — Antiochus et Stratonice. Composition terminée et mise au carreau pour le tableau qui concourut en 1727 pour le prix de 5000 fr. proposé par le duc d'Antin.
Au pinceau lavé de bistre et rehaussé de blanc. — Collection Kaieman.

VERNET (JOSEPH)

505. — Etudes de bateaux. — Marines. — Paysages. Quatre dessins.
A la plume et au lavis d'encre de chine.

VIGLIANIS

506. — Quatre chasseurs à cheval poursuivent un cerf au sortir d'une forêt.
Beau dessin au crayon noir lavé de sépia. — Vente Guichardot.

VIGNON (CLAUDE)

507. — Saint Paul debout. — L'adoration des Mages. Deux dessins.

A la plume lavés de sanguine. — Collection Kaïemann et J. Duval le Camus.

VIGNON (attribué à CL.)

508. — Le repas du Roi Balthazar.

A la sanguine. — Vente Guichardot.

VINCENT (FR. ANDRÉ)

509. — Boyer Fonfrède, enfant, recevant une leçon d'agriculture. Première pensée du grand tableau qui décore aujourd'hui le Musée de Bordeaux.

Important dessin à la plume, lavé et rehaussé de blanc. Signé : *Vincent, 1775.* — Collection Descamps.

510. — Un Ami de l'Artiste, assis à l'arrière d'un bateau et lisant.

A la pierre noire. Signé à l'encre : *Vincent f. en Pleine mer 1771.*

511. — Vue d'un côté des Jardins de la villa Borghèse. — La Peinture agenouillée devant la Musique que couronne un génie. Deux dessins.

A la plume, lavé de sépia et à la pierre noire, rehaussés de blanc. Signés et datés.

VIVIEN (JOSEPH)

512. — Portrait présumé de Churbayer, peintre d'animaux.

Belle étude au Pastel. — Collection Sam. de Festitits.

VLEUGELS (attribué à)

513. — Saint Pierre et Saint Paul conduits au martyre.

A l'estompe et aux crayons de couleurs, sur papier bleu

VOLAIRE (Le Chevalier)

514. — Paysages. — Vues d'Italie. Quatre dessins.

A la plume et au lavis.

VOUET (SIMON)

515. — Etude de femme tenant une urne renversée.

Au crayon noir, rehaussé de blanc, sur papier gris. — Collections Mariette et Villenave.

516. - Portrait de gentilhomme.

Crayon noir, rehaussé de sanguine. Signé : *Vouet fecit.*

517. — Etudes de figures et de mains. — Ornements. — Sujets religieux. Neuf dessins.

A la pierre noire, rehaussés de blanc sur papier bleu, et à la plume.

VOUET (Ecole de SIMON)

518. — Sujets religieux et mythologiques. — Etudes de figures drapées. — Allégories. Dix-sept dessins.

A la sanguine et au crayon noir, rehaussés, à la plume et au lavis d'encre de chine.

WAILLY (DE)

519. — Projet d'une salle de spectacle pour la Russie dont les deux aigles et la couronne surmontent la scène.

A la plume et au lavis d'encre de chine. Signé : *De Wailly 1785.* — Collection Turcaty.

520. — Trophées d'architecture. Au-dessous d'attributs guerriers se voit un bas-relief où est représenté un architecte donnant des ordres à des maçons et des sculpteurs.

A la plume, lavé d'encre de chine.

WATTEAU (ANT.) et son école

521. — Etudes de Têtes. — Paysages. — Pastorales, etc. Seize dessins.

A la sanguine et au crayon noir.

WATTEAU (FRANÇOIS) de Lille

522. — Etudes de Hussards. — Croquis de Tambours. —
Etudes de cavaliers. Trois feuilles de croquis.

> A la mine de plomb.

WICAR

523. — Léandre et Héro. — Sacrifice d'Abraham. Deux
dessins.

> Au crayon. Signés et datés 1791-1792.

WILLE (J. G.). WEIROTTER. WATELET

524. — Paysages. Sept dessins.

> A la plume et à l'aquarelle, la plupart signés.

ECOLE FRANÇAISE DU XVIIe SIÈCLE

525. — Deux peintres, la palette et les pinceaux à la main,
s'entre-dessinent leurs portraits sur des toiles ovales.

> A la plume, lavé d'encre de chine.

526. — Paysages, Allégories, Etudes, Sujets religieux, par ou
attribués à J. Pesne, G. Focus, Ch. Lebrun, Amb. Dubois,
Lafage, Ant. Dieu, C. Dulys, N. de Largillière.

> Neuf dessins in-folio.

527. — Quatorze dessins par ou attribués à Arnould de Vuet,
J. Blanchard, Borzone, J. de Bon Boullongne, S. Bourdon,
Borzoni, J. Carray, Caumette, Ph. de Champaigne, Chau-
veau, L. Chéron.

528. — Treize dessins par ou attribués à N. Colombel, J.-B.
Corneille, J. Cotel, N. Coypel, A. Dieu, G. Dolci, A.
Dubois, T. Dubreuil, J.-H. Doluter.

529. — Dix dessins par ou attribués à A. Fredeau, M. Fré-
minet, Guion, J. Hellart, Jouvenet, Lafage, Lagneau,
Larcanger.

ECOLE FRANÇAISE DU XVIIe SIÈCLE

530. — Quatorze dessins par ou attribués à Ch. Le Brun, Lefebvre, Léger Richier, Lepautre, Licherie, Mellan, Ménaville.

531. — Seize dessins par ou attribués à N. Mignard, R. Nanteuil, H. Pader, J. Pesne, Plattemontagne, Ch. Poerson, N. Poilly, J. Porbus, Nic. Poussin.

532. — Seize dessins par P. Puget, Quinet, Roland, Ronce, H. Sambin, Sanellé, A. Squazella, J. Stella, H. Swanevelt, L. Testelin, Walton. Ecole de Simon Vouet.

533. — Quinze dessins de maîtres inconnus.

534. — Dix-sept dessins de maîtres inconnus.

535. — Vingt-six dessins de maîtres inconnus.

ECOLE FRANÇAISE DU XVIIIe SIÈCLE

536. — Quatre dessins d'ornements et sujets variés, par des maîtres inconnus.

537. — Douze dessins par L. Aubert, Aubry, J. Asselyn, Aveline, Avril, Badin, Baltard le père, Bardin, Beaufort, Beaujou, Beauvais.

538. — Onze dessins par Bellanger, Berthélemy, N. Bertin, Blondeau, Blondel, Boguet, J. Bremant, Brenet, Briard

539. — Dix-huit dessins par A. Caron, Casanova, J. Chamont, De Channe, F. Charpentier, De Chaumont, Chauveau, Chéry, Chiron, Colignon, Cotelle fils, Courtin, Coypel.

540. — Seize dessins par Debucourt, Delagrive, Desrais, Devez, Devosge, Doyen, Drouais, Dubin, A. Dubois, T. Dubreuil, Duchange, Duchateau, Dufourny.

541. — Dix-neuf dessins, par Dufresnoy, Dugoure, Dunée, Dumont le Romain, Durameau, Durupt, R. Duvert, Ig. Duvivier, Errard, Fabre, Forest, Fouquières, Frontier.

ECOLE FRANÇAISE DU XVIIIe SIÉCLE

542. — Quinze dessins par Galimard, Gallait, Gault de Saint-Germain, Génillon, Gibelin, Gonord, Guaspre-Poussin, Goyrand.

543. — Neuf dessins par Heimlich, Hellard de Reims, Hénon, Houasse, J. B. Huet, Hutin, Jollain.

544. — Vingt-deux dessins par Lafond, Landon, Larchevêque, Le Bas, Leblond, Lebouteux, Lèbre, Lefebvre, Legrand, Legros, Leloy, Lempereur.

545. — Douze dessins par Levesque, Lhuillier, Licherie, Loutherbourg, Loys de Montpellier, Magnan de la Roquette, Malbeste, Marchand, Martini, Masquelier le père, Meynier.

546. — Vingt dessins par Fr. Millet, Méli, Monnet, Monsiau, De Mouchy, Moulinneuf, Parrocel, Perrier, Perrin, Perronnet, Pichler, Pigeon, Quivel.

547. — Dix-neuf dessins par Restout, H. Rigaud, Rupalley, le R. P. Joseph de Saillans, Saint-Aubert, Saint-Aubin, Saint-Non, Saint-Ours, Sané, Sampan, Santerre, Sauvage, Sebert, Serre.

548. — Vingt-trois dessins par Schmidt, Soldini, Sorlay, Stouf, Subleyras, Swebach-Desfontaines, Taunay, Thibault, Valenciennes, Valentin du Finistère, Van-Loo, Collin de Vermont, Watteau de Lille, Wibert.

549. — Dix-sept dessins d'ornements. Portraits, études de têtes par des maîtres inconnus.

550. — Dix-sept dessins par des maîtres inconnus.

DESSINS MODERNES

AQUARELLES

ALIGNY (CAMILLE D')

551. — Vue prise à Royat le 13 août 1838.

> A la plume. Signé des initiales.

552. — Intérieur d'un parc à Ségré (Anjou), 17 juillet 1855.
— Vue de Francheville, 20 octobre 1863. — Etude d'arbre.
Trois dessins.

> Au crayon noir rehaussé.

ANDRIEUX

553. — Officier de lanciers, à cheval.

> Au crayon noir rehaussé d'aquarelle. Signé : *Andrieux 49.*

ANSIAUX

554. — Portraits de dames du temps de l'Empire. Deux
dessins.

> Au crayon noir dont un rehaussé de blanc.

BALAN (EUG.)

555. — Place du beffroi d'Amiens un jour de marché. —
Etude de coqs. Deux dessins.

> A la mine de plomb et au pastel.

BATAILLE (EUG.)

556. — Portrait d'Oscar Comettant. — Portrait d'enfant. Deux
dessins.

> Au crayon noir.

BÉNOUVILLE (LOUIS)

557. — Etudes d'hommes et de femmes. — Vues et paysages.
Neuf dessins.

A la pierre noire et au lavis.

BERGERET (P.)

558. — Homère aveugle chantant les héros devant un vieux
soldat. — L'Amour assis et jouant de la lyre sur le lit
d'Anacréon. — Paysage. Trois dessins.

A la plume et au lavis de sépia.

BIDAULT

559. — Etudes de bois et de lisières de forêts. Dix dessins.

A la mine de plomb.

BIGAND

560. — Le masque en plâtre de l'Empereur Napoléon Ier posé
sur une table à côté d'une tête de mort. — Vue de la
Maison du Cardinal Fesch à Ajaccio. Deux dessins.

A l'aquarelle.

BLANCHARD (THÉOPHILE)

561. — Chemin couvert au bord d'une prairie. - Têtes de
licteurs. Deux dessins.

Crayon noir et esquisse peinte.

BLANCHON

562. — Europe. Frontispice allégorique, avec bordure ornée
d'aigles, d'abeilles et de l'initiale de Napoléon Ier.

Fin dessin à la plume et à l'aquarelle. Signé.

BOICHOT (GUILL.)

563. — Projet de Tombeau d'un guerrier, dans le goût Flo-
rentin. — Un vieux Fleuve entouré de Fontaines et de
Naïades. — L'Education de la Vierge. — Etudes et
croquis. Sept dessins.

A la plume rehaussé et à la sanguine.

BOILLY (JULES)

564. — Paysan romain debout derrière une charrette. — Turc debout vu de face. Deux dessins.

> Au crayon et au lavis de sépia. Signés.

565. — Sujets d'enfants. — Vénus et baigneuses. — Le Marchand de statuettes. Huit dessins.

> Au crayon noir rehaussés de blanc sur papier bleu.

BOISSELIER (Les)

566. — Paysages. — Vues d'Italie. — Sujets de l'Histoire ancienne. Neuf dessins.

> A l'aquarelle, au lavis de bistre et au crayon noir.

BONVIN (FR.)

567. — Tête de jeune fille tournée vers la gauche.

> A la grosse plume. Signé : *F. B. 30 août 1847.*

BOSIO

568. — Jeune dame peignant dans sa chambre dont la fenêtre regarde la tour de Saint-Germain des Prés. Près d'elle son perroquet.

> A la sépia rehaussé de blanc sur papier bleu. Signé : *Bosio, peintre* (Album de Mme de Mirbel).

BOUCHOT (FR.)

569. — Le Christ en croix, entre la Vierge debout et la Madeleine agenouillée. — Un jeune seigneur coiffé d'une toque à créneaux, montre une lettre à une jeune femme. — Etude d'homme. Trois dessins.

> Au crayon noir, dont un lavé de sépia. Signé : *F. Bouchot,* 1820.

BOUDIN

570. — Deux pêcheurs debout sur la grève, un troisième retire ses rames de la barque.

> Aquarelle.

BOULENGER (LOUIS)

571. — Étude d'homme béchant.

> Vigoureux dessin au crayon noir, rehaussé de pastel.

572. — Condamné à mort conduit à l'échafaud.

> Importante composition à la plume, lavée d'encre de chine. Provient de la vente de la Taglioni à laquelle Victor Hugo avait donné ce dessin.

573. — Gringoire dans la cour des Miracles.

> Belle composition à la plume, lavée d'encre de chine. Provient de la vente de la Taglioni à laquelle Victor Hugo avait donné ce dessin.

BOULENGER (G. et L.)

574. — Étude de femme nue. — La Madeleine dans sa grotte. Deux dessins.

> A la mine de plomb et à la plume. Signés.

BOURGEOIS (A. P. C.)

575. — Tête de vieillard à longue barbe. — Études d'homme et de femme. — Ruines antiques. Quatre dessins.

> A la mine de plomb et au lavis de sépia.

BRACQUEMOND (FÉLIX)

576. — Hiver (ou le loup dans la neige).

> Au crayon noir, a été gravé. (Henri Beraldi, n° 180)

BRASCASSAT

577. — Étude d'une futaie à la lisière d'un bois. — Cour intérieure d'Hôtellerie. Deux dessins.

> A la mine de plomb.

CABASSON

578. — Sujets pour illustrations. Quatre dessins.

> Au lavis de bistre. Signés.

CAILLEUX (ALPH. de)

579. — Mars et Venus couchés. — Vénus se levant. Deux
dessins et une contre-épreuve.

> A la sanguine. Signés.

CASTILLAN

580. — Scènes familières antiques. —Paysages. Cinq dessins.

> A la mine de plomb, à la sépia et à l'aquarelle.

CHARLET

581. — La Sentinelle.

> Au pinceau et à la sépia   Collection du Baron   Holbach.

CICERI le père

582. — Intérieur d'une serre. — Portraits-Charges. Sept
dessins.

> A la sépia et à l'aquarelle. Signés.

583. — Projet pour une table à peindre sur porcelaine. Composé de quatre sujets, soit antiques, soit de chevalerie.

> Très fine aquarelle signée : Ciceri 1818.

CLÉSINGER

584. — Portrait de femme.

> Au crayon noir rehaussé de gouache sur papier gris. Signé.
> Encadré.

CŒURÉ

585. — Voyageurs suivant la diligence qui monte une côte. —
La fête au château. — Le repas sur l'herbe. — Une vieille
fille raconte une histoire. Quatre dessins.

> A la plume et à l'aquarelle.

COURT

586. — L'Empereur et l'Impératrice, entourés de la cour,
approuvent les plans du Musée Napoléon. 1re pensée de
son grand tableau du Musée Napoléon d'Amiens.

> Au crayon noir rehaussé de pastel. Encadré.

DALIPHARD

587. — Vues de Rouen. Onze dessins.

> Crayon noir, lavis et aquarelle.

DARJOU (A.)

588. — Programme. — Costume de mode. — Odalisques. —
Barricade blindée de la place Vendôme, etc. Huit dessins.

> A la plume et au crayon noir.

DAUMIER (HONORÉ)

589. — Arrestation dans une émeute en 1852.

> Croquis au crayon noir.

DAVID (JAC.-LOUIS)

590. — Etude pour la figure de l'Empereur destinée au tableau du sacre. L'Empereur est debout, nu, tenant de la
main gauche son épée à l'antique et de la droite faisant le
geste de prendre la couronne sur sa tête. Au verso, croquis
de l'Impératrice à genoux.

> Beau croquis au crayon noir, mis au carreau, encadré. —
> Vente Sorel.

591. — Etude double pour le tableau du sacre de Napoléon Ier. — Guerrier à cheval. — Un roi agenouillé devant un jeune homme. — Escalier de la Trinité du
Mont — Martyre d'un saint. — Deux hommes vus de
dos et coiffés à l'orientale. — Fragment de la composition des Sabines. — Allégories, etc. Dix dessins.

> A la plume et au crayon noir.

DAVID (LOUIS)

591 *bis*. — Album de Croquis et d'Etudes pour *Les Sabines* et *Léonidas*. In-16, rel. maroq. rouge, tr. d.

Recueil précieux de 61 feuilles dessinées à la mine de plomb au recto et au verso. — Collection Thibaudeau.

DAVID (ÉCOLE DE J.-L.)

592. — Sujets militaires. — Allégories. — Etudes. — Scènes de l'histoire romaine. — Monuments. — Armes de l'Empire, etc. Dix-huit dessins.

A la plume et au crayon noir, lavés d'encre de chine.

DAVID D'ANGERS

593. — Portrait de l'architecte Percier. — Trophée, figure de la Victoire. — Croquis pour bas-reliefs. — Figures de Victoires debout, etc. Dix dessins.

A la plume, deux sont signés.

DE BAY (AUGUSTE)

594. — Statue de Jeanne d'Arc. — Etudes et Croquis. — Portraits. Quatorze dessins.

A la plume et à la mine de plomb.

DEBON (H.)

595. — Rubens et Philippe IV. Ils se promènent à cheval avec l'Infante. — Défaite d'Attila dans les plaines de Châlons ; le tableau est au Musée de Marseille. Deux dessins.

A l'aquarelle. Signés.

DECAMPS

596. — Costume de pêcheuse Boulonaise. — Pêcheurs jouant aux cartes. Deux dessins.

Au crayon noir, lavé de bistre.

597. — Jeux d'enfants. — Une Rue en Orient. — Paysage. Trois dessins.

A la mine de plomb et à l'aquarelle.

DÉDÉBAN

598. — Projet de monument à Napoléor. Ier dans l'église des
Invalides. Au verso, deux feuilles d'explications pour ce
projet.

> Au lavis d'encre de chine.

DELACROIX (EUGÈNE)

599. — Front de bœuf insulté par la sorcière. — Redgauntlet
poursuivi par le fantôme. Deux dessins.

> Au crayon, rehaussé de bistre. — Cachets de la vente
> du maitre.

600. — Redgauntlet poursuivi par le fantôme. — Un lion
dévorant un homme. — Cheval attaqué par un tigre. —
Études et croquis d'animaux. Six dessins.

> A la plume et au crayon noir. — Cachets de la vente du
> maitre.

601. — Saint Paul renversé de son cheval.

> Dessin au crayon noir, mis au carreau. pendentif pour la
> Chambre des députés (?), encadré.

602. — Etudes pour le Triomphe de Trajan. - Croquis divers
présumés pour les Croisés. Deux feuilles de dessins.

> A la plume. — Cachets de la vente du maitre.

DELAMARE père et fils

603 — Tète de Christ d'après Le Brun. — Etudes de bateaux
de pêche. — Rue d'Arles. — Une ruelle de Basse Normandie. Cinq dessins.

> A la pierre noire, à la plume et à l'aquarelle et une esquisse
> peinte.

DELAROCHE (PAUL)

604. — Huit études sur la même page pour le tableau de la
prise du Trocadéro qui est au Musée de Versailles.

> A la mine de plomb. — Collection Horsin d'Eon,

DELAROCHE (PAUL)

605. — Trois études sur là même page pour le tableau de
Charles Ier insulté par les soldats.

A la mine de plomb. — Collection Horsin d'Eon.

606 — Devant une nombreuse assemblée de seigneurs, prési-
dée par un prince et son fils et où des moines sont en
train d'accuser un pauvre diable mis à la torture, un sou-
dard raconte une gasconnade qui fait rire toute l'assemblée.

Beau dessin à la mine de plomb. — Vente Perrot de Lyon.

DELESCLUSE (E. J.)

607. — Le ciel d'Homère. Curieuse composition avec les portraits de Voltaire et de Napoléon Ier.

A la plume sur crayon et au lavis d'encre de chine. Signé
des initiales E. J. D.

DEVARENNE

608. — Convoi militaire, costumes allemands. — Paysage des
environs de Dresde. — Bataille de Navarin. — Tête de
femme. — Paysages. Huit dessins.

A la plume, à la sépia et à l'aquarelle.

DEVÉRIA (EUGÈNE)

609. — Portrait de Marrast.

A la mine de plomb, signé : *Eug. Devéria.*

DROLLING

610 — Cuisinière assise.

Crayon noir.

611. — Vieille paysanne tombée et ramassée par un ouvrier.
— Etudes de figures et de costumes militaires. Six dessins.

A la pierre noire, rehaussé, avec le cachet de l'artiste

DU MESNIL (ARMAND)

612. — Croquis fantastiques. Dix-huit dessins.

    Au trait de plume.

DU PLAT (P. L.)

613. — Paysages du midi de la France. Six dessins.

    A la plume et au crayon.

DUVAL LE CAMUS (J.)

614. — Projet de plafond pour l'hôtel d'un Espagnol à Paris.
Paysages. — Costumes de femmes. — Animaux de basse-
cour. Sept dessins.

    A la plume et au crayon noir.

EMPIRE (Ecole de l')

615. — Le premier Consul visite un général mourant.

    Au lavis d'encre de chine.

FLERS

616. — Rivière bordée d'arbres.

    Aquarelle. Signée : *Flers. Annuale 1835.*

FRANÇAIS (L.)

617. — Portrait de Claude Lorrain, d'après un tableau du
Musée de Tours.

    Très fin dessin au crayon noir. Signé des initiales.

GARNERAY. GUDIN

618. — Marines. Quatre dessins.

    Au crayon noir et au lavis de sépia.

GAUDAR DE LAVERDINE

619. — Portrait par lui-même d'Alphonse Gaudar de Laverdine, peintre, mort à Vienne en 1804, âgé de 23 ans.

Crayon noir.

GAVARNI

620. — Castillan et Andalouse.

Très fine aquarelle signée.

GÉRARD (BARON FRANÇOIS)

621. — Première esquisse du portrait en pied de l'Empereur Napoléon Ier en costume Impérial.

A la mine de plomb et à l'huile sur papier préparé. Les couleurs sont indiquées non seulement par la peinture, mais par quelques mots désignant les tons. — Vente de Barbier Walbonne. Encadré.

622. — Un guerrier s'apprêtant au combat. — Général à cheval. — Tête de femme. — Etudes et croquis. Six dessins.

A la plume et à la mine de plomb.

GÉRICAULT (TH.)

623. — Un officier, un sapeur et des soldats entourent un petit monument sur lequel sont inscrits les mots : Aux braves du 45e de Ligne.

Beau dessin au crayon noir, lavé de bistre et rehaussé de gouache. Sur papier gris. — Vente Durand. Collection Gasc.

624. — Etudes de chevaux. Six dessins.

Au crayon noir, à la mine de plomb et à la plume.

625. — L'assassinat de Fualdès. — Les Lutteurs. — Intérieur d'une cour. — Homme nu sur un rocher. — Costumes et Académies. Sept dessins.

A la plume et au crayon noir.

626. — Etudes et croquis. Sept dessins.

A la plume, dont un rehaussé d'aquarelle.

GÉRICAULT (TH.)

627. — Etude de deux chevaux. — Etude de cheval percheron
et d'un dessinateur. — Aspirant de marine. — Femme
sur un rocher. — Femme mourant. — Le factionnaire
Suisse au Louvre. Six dessins.

> A la plume, au crayon noir et au lavis de bistre.

627 *bis*. — Album contenant vingt-trois études d'après les
sculptures, bas-reliefs et vases antiques que l'artiste avait
pu voir à Londres et représentant des sujets hippiques.
In-4 oblong, cart.

> Au crayon noir, à la mine de plomb et à la plume rehaussés
> de blanc sur papier végétal.

GIRARDET, GIRAUD (EM.)

628. — L'abbé Coquereau, grand aumônier de la flotte. —
Frontispice allégorique. — Portraits-charges. Quatre
dessins.

> A la plume, au crayon noir et à l'aquarelle.

GIRODET (R.-L.)

629. — Etude de dragon combattant, pour le tableau de la
Révolte du Caire.

> Beau dessin au crayon noir rehaussé de pastel. — Collec-
> tion Benoist d'Azy.

630. — Ossian et ses guerriers recevant les héros français. —
Le Génie d'Anacréon. — Andromaque. — Le déluge. —
Etudes de femmes. Huit dessins.

> Au crayon noir, à la plume et au lavis.

GONCOURT (JULES DE)

631. — La Bouquetière, d'après Fr. Boucher.

> Très fin dessin à la mine de plomb, inséré dans l'étude des
> deux frères sur Fr. Boucher.

GRANDVILLE (J. J.).

632. — Retour d'Eau-Bonne en 1829.
   A la mine de plomb.

GRANET

633. — Moines dans la salle d'un cloître. — Personnage coiffé
   d'une calotte. — Un moine debout et en méditation. —
   Intérieur de cloître. — Costume d'Italienne. — Etudes et
   croquis. Neuf dessins.
   Au crayon, à la plume, au lavis de bistre et de sépia et à
   l'aquarelle.

GROS (LE BARON).

634. — Etudes et croquis. Cinq dessins.
   A la plume et au crayon noir.

GUÉRIN (JEAN) de Strasbourg.

635. — Portraits des Généraux de Sainte-Suzanne et de Gou-
   vion Saint-Cyr. Deux dessins.
   Au crayon noir. Ont été gravés par Fiésinger.

GUÉRIN (attribué à JEAN).

636. — Portrait de face d'un homme et de sa femme, assis
   côte à côte sur un canapé et les bras entrelacés.
   Beau dessin au crayon noir, réhaussé de gouache.

GUÉRIN (PIERRE)

637. — Etudes pour le tableau représentant : Le Général Bona-
   parte pardonnant aux révoltés du Caire. Douze dessins sur
   sept feuilles.
   A la mine de plomb et à la pierre noire.

638. — Achille furieux, assis sur un rocher. — Orphée ver-
   sant des pleurs sur le tombeau d'Eurydice. — Général de
   l'Empire. — Une procession. — Etudes et croquis. Huit
   dessins.
   A la plume, au crayon noir et une esquisse peinte.

GUYS (CONSTANTIN)

639. — Groupe de quatre officiers d'Etat-Major à cheval en promenade. — Pachas précédant le sultan, devant un front de troupes, place de la Monnaie à Constantinople. Deux dessins.

A la plume et à l'aquarelle.

HAUDEBOURT-LESCOT, HEIM.

640. — Scène de l'histoire de la peinture italienne au XVe siècle. -- Costume de femme italienne. - Etudes de femme et d'Amours. Sept dessins.

A la mine de plomb et à la plume.

HENNEQUIN (PH. AUG.)

641. — La liberté de l'Italie. — Les fureurs d'Oreste. — Le Génie de la guerre sous la figure d'un jeune guerrier. — Paysages. — Etudes diverses. Huit dessins.

A la plume et au lavis de bistre et de sépia.

HENRIET (FRÉD.)

642. — Paysage, effet de soir. — Autres paysages. Trois dessins.

Au crayon noir et à l'aquarelle.

HESSE (HY. JOS. et AUG.)

643. — Portrait de jeune fille. — Serment des sept chefs devant Thèbes. — Adam tenté par Eve. — Jeune femme nue évanouie soutenue par son époux qui l'embrasse. Quatre dessins.

Au crayon noir, réhaussés de sépia et de gouache.

HORAUX (HECTOR)

644. — Avant-projet d'Eglise pour l'Ile d'Aix. — Projet de Salle de spectacle portative. — Nouveau temple à édifier en Terre Sainte. -- Projet de belvédère à élever pour 1867

au bois de Boulogne. — Projet de Palais à Londres, 1858.
— Projet de diorama. — Palais législatif, salle de bal
provisoire. — Vue de deux projets de ponts avec passages
de grands navires pour Constantinople. — Fête nationale.
Neuf dessins.

A la plume et à l'aquarelle.

INGRES (J. A. D.)

645. — Portrait de M. Brandt.

A la mine de plomb. Signé : *Ingres à Brandt.*

646. — Enfant endormi, pour le groupe de la Charité. Vitraux
de Dreux. — Etude de la main de M. le Cte Molé. Deux
dessins.

A la mine de plomb et au crayon noir.

647. — Etude pour l'une des figures de Héraut d'Armes, dans
le tableau du Duc d'Albe à Ste-Gudule.

Au crayon noir. Signé.

648. — Portrait de Jean de La Fontaine.

A la plume lavé de sépia sur papier végétal, a été gravé
par Dien pour le Plutarque Français.

649. — Une jeune femme entourant de ses bras un jeune
arbre que vient de planter son amant, prie le ciel de le
protéger contre les orages.

A la mine de plomb, lavé de bistre. Signé.

INGRES (Attribué à)

650. — Projet de médaille pour la naissance du Roi de Rome
ou du duc de Bordeaux. — Le Bain. Deux dessins.

Au crayon noir dont un lavé de bistre. On y a joint un
petit dessin de Prudhon : « Psyché cherchant à retenir l'amour
qui s'envole. »

ISABEY (LES)

651. — Projet de décoration pour une fête. — Portraits-
charges. Onze dessins.

Au pinceau et à l'aquarelle.

ISSENDYCK (VAN)

652. — Portrait de femme assise.

Aux crayons noir et rouge. Signé des initiales.

JACQUE (CHARLES)

653. — Cinq chevaux dans une écurie, un charretier et un enfant qui tient l'un des chevaux, poules dans le fumier.

Très beau dessin à la mine de plomb, lavé d'aquarelle.

654. — Cultivateur labourant avec une charrue attelée de deux chevaux.

Très beau dessin à la mine de plomb. Signé : *Ch. Jacque Janvier 69.*

655. — Le rémouleur auquel un enfant du village présente son couteau.

A la plume et à l'estompe. Signé : *Ch. Jacque.* A été gravé.

JOINVILLE (ERN. ANT.)

656. — Villa Ludovisi à Rome. — Palais d'Orléans à Palerme. Deux dessins.

Au lavis et à l'aquarelle, le second est daté : Palerme 11 Janv. 1832. Cachets de la vente de l'artiste.

JOHANNOT (ALFRED et TONY)

657. — Sujet pour Walter Scott. — La fuite en Egypte. — La déclaration. — Portrait d'homme assis. — La Flagellation. Cinq dessins.

Au crayon noir et au lavis d'encre de chine. Quatre sont signés.

LAEMLIN (ALEXANDRE)

658. — Première pensée du tableau de la Charité (Salon de 1846). — Dieu crée l'homme. — Création de la femme. — Histoire de Job. — Vision de Zacharie. — La Musique.

— Portrait de dame âgée. — Symbole des produits de la terre. — Projet de candélabre. — L'Esprit frappeur, etc. Dix-huit dessins.

Au crayon, à la plume et une esquisse peinte.

LAFITTE

659. — Entrevue des deux Empereurs, Napoléon et Alexandre.

A la plume, lavé d'encre de chine.

660. — Projet de décoration d'un fronton d'Arc de triomphe. — Première pensée du tableau de la Psyché au bain. — Groupe de femmes et d'enfants. — Minerve debout et armée. — Groupe de trois Amours. Cinq dessins.

A la plume et au crayon noir.

LAFONTAN (ERNEST)

661. — Dessin arrêté de l'éventail qu'il peignit pendant l'hiver de 1839-1840.

Au crayon noir.

LAMI (EUGÈNE)

662. — Costumes militaires français et étrangers. Quinze dessins.

A la mine de plomb, deux sont lavés d'aquarelle.

LAMOTHE (LOUIS)

663. — La mère de douleurs assise au pied de la croix. — Enée emportant sur ses épaules son père. — La naissance de Vénus. — Etudes de têtes. Sept dessins.

A la plume, au crayon noir, à la sanguine et esquisses peintes.

LANGLOIS (P.) du Pont de l'Arche.

664. — Paysages. — Portraits — Vues de Rouen et de Normandie. — Etudes et croquis. Dix-neuf dessins.

A la plume, au crayon noir et à l'aquarelle, la plupart signés.

LEBORNE de Nancy.

665. — Costumes.— Paysages. Cinq dessins.

> A la mine de plomb, à la sépia et à l'aquarelle.

LECOMTE (P. et HYP.)

666. — Projet d'écran.— Sujets militaires.— Jeune femme en costume moyen-âge, debout, s'appuyant sur un tombeau. Quatre dessins.

> A la plume et au lavis de sépia.

LE COURTIER

667. — Orgues de Saint-Eustache.

> A la plume lavé d'encre de chine et rehaussé de bistre.
> Signé : *Le Courtier delineavit et Rewdificavit 1801.*

LEDRU (attribué à HILAIRE)

668. — Groupe de trois jeunes femmes. Deux dessins ovales.

> A la plume, lavé d'encre de chine. — Collection Arthur Dinaux.

LEFÈVRE (AD.)

669. — Deux jeunes femmes assises dans un riche appartement. — Études et académies de femmes. Sept dessins.

> Au crayon noir, à la sanguine et à l'aquarelle.

LEFÈVRE (ROBERT)

670. — Un jeune homme et une jeune femme dans un tilbury.

> Dessiné en hauteur à la sépia, rehaussé de gouache (album de Mme de Mirbel). Signé : *Robert Lefèvre f¹.*

671. — La Sainte Famille.

> Beau dessin à la sépia rehaussé de gouache. Signé : *Robert Lefèvre f.*

LEMAN (JACQUES-EDM.)

672. — Pierre Corneille faisant une lecture dans un grand salon à Versailles, grande composition animée de nombreux personnages.

A la mine de plomb, rehaussé de gouache. Signé : *Jacques Leman* et avec dédicace.

LE PRINCE (XAVIER)

673. — Scènes villageoises. — Paysages. Douze dessins.

Au crayon noir, à la plume et au lavis de sépia.

LEQUEU (J. J.) de Rouen.

674. — L'Empereur Napoléon Iᵉʳ recevant dans un palais imaginaire des Ambassadeurs persans. Dans la magnifique colonnade à droite et à gauche se voient des officiers et des gardes et de nombreux personnages de la cour.

Importante composition à l'aquarelle signée : *J.J. Lequeu, inv. et del. 1809.*

675 — Dans une Eglise imaginaire un prêtre s'avance vers le maître-autel où il va dire la messe. De très nombreuses figures sont éparses dans les diverses parties et galeries de cette Eglise.

Grande aquarelle signée : *J. J. Lequeu inv. et del 1809.*

LESCAILLE (DE)

676. — Arc de triomphe élevé par la ville d'Evreux à S. A. R. le duc d'Angoulême le 26 déc. 1814.

A la plume, rehaussé d'aquarelle.

LESSORRE

677. — Paysages. Trois dessins.

A la plume.

LETHIÈRE (GUILLON)

678. — Personnage romain distribuant la paie à ses ouvriers sous les portiques de son palais. — La sainte famille. Deux dessins.

A la plume et au lavis de bistre.

LORDON

679. — Entrée de Henri IV dans Paris. — Héro et Léandre. — Enfant couché dans un paysage. — Télémaque et Mentor paraissant devant Calypso et ses nymphes. Quatre dessins.

Au crayon et au lavis rehaussé, sur papier bleu.

MARILHAT

680. — Etude de Palmiers.

A la mine de plomb, daté du Caire. — Vente Rouillard.

MARLET

681. — Scènes familiales. — L'Ecole de natation. — Déguisements. — Sujets mythologiques. — Portraits de Béranger et de Denne-Baron. — Campements de cosaques. Paysages, etc. Vingt-six dessins.

A la plume, au crayon noir et au lavis de bistre.

MAUZAISSE (J. B)

682. — Portrait de M. Dumont, miniaturiste de la reine Marie-Antoinette.

Superbe dessin à la mine de plomb. — Collection Defer.

MEISSONIER (ERNEST)

683. — Le sergent rapporteur. — Tête de moine. Deux croquis sur une feuille de papier buvard.

A la plume, signés du monogramme.

MÈRIMÉE (LÉONOR)

684. — Un vieil adorateur de Pan raconte à deux jeunes amou-
reux l'histoire de Pan et Syrinx qu'il leur montre sculptée
sur un bas-relief.

A la sépia, signé (Provient de l'album de M⁰ de Mirbel)

MICHALLON

685. — Vue de la villa Médicis. — Attelage de buffles. —
Intérieurs de forêts. Quatre dessins.

Au crayon noir et à la plume, lavés d'encre de chine.

MILLET (J. F.)

686. — La tondeuse de moutons.

Important dessin au crayon noir légèrement rehaussé de
blanc sur papier gris ; signé : *J. F. Millet*. Encadré.

687. — Baigneuses sortant de la rivière ; au fond des bœufs
dans leurs pâturages.

Croquis à la plume.

MONANTEUIL de Mortagne

688. — Jeunes filles assises. — Femmes de pêcheurs debout.
— Mendiante assise. Quatre dessins.

Au crayon noir.

MORIN (GUST.) de Rouen

689. — Tête de Napoléon 1ᵉʳ. - Arc de triomphe. — Flèche de
la cathédrale de Rouen. Trois dessins.

A la mine de plomb.

MOULLIN (LOUIS) de Regmalard.

690. — Vue de Bellesme, prise du gué Dollent — Le vieux
Mans, 1867. — Réception arabe. — Fêtes données à Fon-
tainebleau. Cinq dessins.

Au lavis d'encre de chine et deux belles aquarelles :
signées.

NANTEUIL (CÉLESTIN)

691. — Encadrement pour Album ou romance.

> A la mine de plomb. Signé : *Celestin Nanteuil.*

NÈGRE (ALPHONSE)

692. — Les naufragés. — Marine. — Vue de Provence. Trois dessins.

> Au crayon noir et à l'aquarelle.

NOAILLES (ALFRED de)

693. — Paysage.

> Beau dessin au crayon noir et au lavis de sépia. Signé *Dessiné d'après nature par Alfred de Noailles en 1803.*

PARELLE

694. — Fermière normande assise. — Vue de Rouen. — Ours dévorant un homme. — Lutteurs. Quatre dessins.

> Au lavis de sépia et au crayon noir.

PENGUILLY-LHARIDON (O.)

695. — Une cour de ferme. — Un gibet. — Paysages montagneux. — Etudes d'arbres. Treize dessins.

> A la pierre noire, à la mine de plomb et à l'aquarelle.

696 — Un cardinal assis à table. — La toilette. — La centauresse. — Arrivée des mages à Bethléem. — Une fête villageoise. — Costumes, etc. Dix-neuf dessins.

> A la mine de plomb, à la plume, à la sanguine et au lavis de bistre.

PILS, le père

697. — Un général accompagné de trois officiers d'état-major observe avec une lunette les divers engagements d'une bataille contre les Russes.

> Esquisse peinte sur papier.

PILS, le père

698. — Costumes et scènes militaires. — Paysages. — Croquis. Huit dessins.

> A la plume et à l'aquarelle.

PONCE-CAMUS

699. — Napoléon visitant le tombeau de Frédéric le Grand. — Napoléon debout à droite et entouré de ses officiers reçoit le placet que lui présente un petit garçon conduit par sa mère. Deux dessins.

> A la plume lavés de sépia.

PRADIER (J.)

700. — Le Centaure et la Bacchante.

> Dessin à la mine de plomb, très fini, du groupe qu'il a exposé au Salon de 1817 (Album de Mme de Mirbel). Signé *J. Pradier 1819.*

QUESNEL (J. FR) de Coutances

701. — Rideau de la Salle de spectacle sur le fond duquel on voit le panorama de la ville de Coutances.

> Esquisse peinte.

RAFFET (AUG.)

702. — Bataille du temps de la république contre les Autrichiens.

> Très fin dessin à la mine de plomb lavé d'aquarelle. Signé.

703. — Marche d'un régiment de cuirassiers à travers un village semé de moulins à vent. — Etude de cheval. — Croquis militaires. Neuf dessins.

> Au crayon et à l'aquarelle.

RIBOT

704. — Jeune garçon assis en lisant.
> Aquarelle.

ROMAGNESI

705. — Fragments des sculptures de J. Goujon à l'hôtel Carnavalet.

A la mine de plomb lavé de bistre. Signé : *Romagnesi del. Hôtel Carnavalet.*

ROUILLARD

706. — Portrait d'homme d'après Th. Lawrence.

Au crayon noir.

ROUSSEAU (THÉODORE)

707. — Quai d'un port de mer. — Rue d'une petite ville. — Bateaux de pêcheurs dans des roseaux. — Étude de grand arbre dans une forêt. Quatre dessins.

A la mine de plomb. — Cachets de l'artiste.

SAINT

708. — Portrait de M. Germain d'Hauteroche de Montpellier, 1812.

A la mine de plomb.

SCHEFFER (ARY.)

709. — Costumes d'élèves d'une école militaire. Deux dessins.

A la mine de plomb, lavés de sépia. Signés : Ary Scheffer — Vente Ach. Baudin.

SCHNETZ (VICTOR)

710. — Saint-Philibert rachetant les captifs. — Diagoras porté par ses fils. — Etude d'homme à genoux. Trois dessins.

A la plume et au crayon noir.

SEBRON (H.)

711. — Hôtel de ville d'Irun (Espagne). — Revue passée devant le gouvernement provisoire. — Réception faite à la garde nationale à Londres par le Lord-Maire. — Vues de la place de la Concorde. — Costumes et Etudes. Seize dessins.

Au crayon noir et à l'aquarelle.

TAVERNIER

712. — Etudes de paysages dessinées à Apach en 1859 et dans les environs de Paris. Six dessins.

Au crayon noir, lavé de sépia. Signés.

THIÉNON

713. — Paysage Italien. — Etudes d'arbres. — Femme assise auprès d'un tombeau. Quatre dessins.

Au crayon noir et au lavis de sépia.

THOMAS (N.)

714. — Paysanne romaine faisant baiser à son enfant le pied de la statue de Saint Pierre. — Une procession de Rome. Deux dessins.

A l'aquarelle.

THOUIN

715. - Portraits. — Etudes. — Académies. Douze dessins.

A la pierre noire, à la sanguine et esquisses peintes.

TOURNEMINE (CH. de)

716. — Paysage breton. — Vues d'Orient. — Croquis. Six dessins.

Au crayon noir et à l'aquarelle. Signés des initiales.

VAN ELVEN

717. — Portail latéral de la cathédrale de Chartres.

Aquarelle. Signée : *Van Elven.*

VAN OS

718. — Etude d'un intérieur de forêt.

Crayon noir, rehaussé de pastel.

VERNET (CARLE)

719. — Sujets de chasse. — Figures drapées à l'Antique. Sept dessins.

Au crayon noir et à la plume.

VERNET (HORACE)

720. — Portrait du général de Beaufort d'Hautpoul. — Grand dessin pour la bataille de Wola peint pour l'Empereur de Russie. — Paysage Italien. — Portraits-charges. — Etudes d'animaux, etc. Douze dessins.

A la mine de plomb, à la sépia et au lavis de bistre.

VIELCASTEL (LE Cte HORACE DE)

721. — Compositions pour l'encadrement de la carte de menu de l'Empereur. Deux études.

A la mine de plomb et à l'aquarelle. A été reproduit en chromolithographie par Engelmann.

VILLOT (FRÉDÉRIC)

722. — Une dame en costume Louis XIII converse avec un perroquet qu'elle tient sur le doigt. — Un coin de la forêt de Sénart. Deux dessins.

Belles aquarelles. Signées.

WATTIER (EMILE)

723. — Un berger dans le goût de Watteau, assis dans un parc,
joue de la guitare près d'une bergère debout.

Fine aquarelle. Signée.

ZIEM (attribué à)

724. — Grand bassin d'un port de mer, rempli de bâtiments
et entouré d'édifices. — Hangar et bâtiment de ferme.
Deux dessins.

A la mine de plomb et au lavis de sépia.

DESSINS MODERNES

725. — Vingt-trois dessins et aquarelles, par Appian, Arago,
Zach. Astruc, Atthalin, Aubry, Mme Auzou, Ballu, Beau-
jan, Bérat, Bernot, Bertall, Bézard, Blanchard, Blondel.

726. — Vingt-deux dessins et aquarelles par C. Bonnefond,
Boquet, D. Brager, G. Brion, Brun, F. Cassas, Cazals,
Chaponnière, T. Charon, J.-D Charpentier, Ch. Chasse-
lat, Chaudet, Choquet, Clérian.

727. — Vingt-deux dessins et aquarelles, par L. Cogniet,
Constantin d'Aix, A. Couder, Coutan. A. Creneau, Da-
guerre, Dauvin, Daudet, Dauzats.

728. — Vingt-deux dessins et aquarelles, par A. David, De-
brét, Decaisne, Dejuinne, Delannoy, P. Delaroche, Mlle
Delaval, E.-J. Delescluze, Delisle, G. Descamps, Desjo-
bert, Desenne, E. Deveria.

729. — Seize dessins, aquarelles et esquisse peinte par Diaz,
Dimier, Drouin, Duban, Ducornet, Durocher, L. Duveau,
Enfantin, d'Espinassy.

730. — Vingt-cinq dessins et aquarelles, par Fechner, J.
Félon, Flatters, Fontallard père, Foulongue, Fournier,
P. Franque, Garbet, Garnier, Gautherot, A. Géniol, F.
Gérard, J. Gigoux, Gillot Saint Evre, Gisors, Granger.

DESSINS MODERNES

731. — Ving-cinq dessins et aquarelles, par Ed. Hédouin,
G. L'Heureux, Hofer, Huard, C. Jacquand, Jeanron,
J. Jollivet, Jorand, Jourdy, A. Ladurner, Lafosse, Ch.
Landelle, Landon, Lassus, Laurens aîné. Laviron, H.
Lazerges.

732 — Quinze dessins et aquarelles, par H. Lebas, Le Dieu,
Legrain, R. Lehmann, J. Ed. Leman, Lenepveu, J. Léonard, Lesueur, Letuaire fils, J. Laire, Lorentz.

733. — Vingt-six dessins, aquarelles et esquisses peintes,
par Malathier, de Malen, de Marbot, Maréchal, Marlet,
Marullo, L. Massard, L. Matout, L. Mauduit, Manzarthe,
Melin, Ménageot, Metling, Meunier, H. Monnier, Morel-
Fatio, A. Muraton.

734. - Seize dessins, par C. Nanteuil, Naudet, de Nieuwer-
kerke, L. Noël, Ed. Dunoyer de Noirmont, Mme O'Connel,
Orsel, J. Ouvrié, Pajou fils, Palissy.

735. — Vingt et un dessins, aquarelles et esquisses peintes,
par J. Paris, Pensée d'Orléans, Pérignon, Perlet, Pernot,
Perseval, S. Petit, Picot, Pigal, Penguilly l'Haridon, Poi-
rot, Pradier, Protheau.

736. — Vingt-quatre dessins, par Petit-Radel, Ramey, Régnier,
Rémond, Révoil, Th. Richard, Richomme père, Rohen,
E. Roger, Roman, Romny, Roqueplan, Rosalbin, G. Rou-
get, L. Roux, De Rudder.

737. -- Treize dessins, par de Senonnes, Sergell, Seurre,
Sicardi, Tassaert, Taurel, E. Tellier, Thomassin, P. Thuil-
lier, Triquety, Truphème, Turpin de Crissé.

738. — Treize dessins et aquarelles, par Vafflard, Van Os,
Vasselin, Vatinelle, G. Vaucher, Vauzelles, Vernet,
Lauzel-Villeneuve, Vincent fils, Vinchon, Visconti.

739. — Dix dessins d'artistes inconnus.

740. — Les portefeuilles de la collection.

GRANDE IMPRIMERIE DU CENTRE. — HERBIN, MONTLUÇON.